동양학을 읽는 아침

동양학을 읽는 아침

조용헌 지음

서문

내가 좋아하는 글은 어떤 글인가? 자문자답해 본다. 글 쓰는 사람은 자문자답을 많이 해보아야 글감이 되기도 한다. 그리고 나의 답이 다른 사람에게도 똑같이 해당되는 경우가 많다. 내가 싫으면 다른 사람도 싫어하고, 내가 좋으면 다른 사람도 대체로 좋아한다. 그러므로 내가 좋아하는 글은 아마 다른 사람도 좋아할 것이다.

내가 좋아하는 글은 우선 쉬운 글이다. 쉬운 글은 짧아야 한다. 관계대명사나 접속사가 많이 들어가는 글은 짜증 날 때가 있다. 또 부사나 형용사가 너무 많이 들어가면 쉽지 않다. 요지가 한눈에 들어오지 않는다. 느끼한 맛이 난다. 조미료를 많이 친 것 같다. 대신 문장을 짧게 쓰려면 그 부분에 대한 생각이 정리되어 있어야 한다. 정리가 안 되면 중언부언한다. 표현도 애매하다. 추상적이고 어려운 단어를 쓴다. 이렇게 글을 쓰면 술술 읽어나가기가 어렵다.

둘째로 내가 좋아하는 글은 읽은 사람에게 안심安心을 주는 글이다. 읽고 나서 안정감이 들고 푸근함이 드는 글을 좋아한다. 전문 연구서가 아닌 다음에야 읽고 나면 뒷맛이 좋아야 하지 않겠는가! 한국에서 산다는 일이 너무 힘들고 각박하게 되어버렸다. 이 각박함을 좀 느슨하게 만들어줄 수 있는 글이 좋은 글 아니겠는가. 도연명의 〈귀거래사〉나 《고문진보古文眞寶》에 나오는 여러 고문을 읽고 나면 마음이 푸근해진다. 나도 이런 글을 쓰고 싶다.

셋째로 내가 좋아하는 글은 정보를 주는 글이다. 모르던 사실을 알게 해주는 글이 좋다. 새로운 것을 알아가고 배워가는 맛이 있다. 알아간다는 것은 즐거움이다. 서세동점西勢東漸 시대 이후로 서풍이 몰아치면서 맞받아쳐야 할 동풍이 밀려버렸다. 동풍이 약해지면서 우리가 발 딛고 서 있었던 동양 문화에 대한 심도 있는 이해가 어려워졌다고 본다. 뉴욕 맨해튼은 알지만 계룡산과 지리산은 모르는 경우다. 고향 산천에 대한 앎의 즐거움을 주는 것이 내 글쓰기의 의도 가운데 하나다.

마지막으로 내가 좋아하는 글은 강호동양학江湖東洋學이다. 명리학, 풍수, 보학, 집안[門中]에 관한 분야다. 강단동양학의 교과 과목에는 빠져 있던 부분이다. 강단에서 배우지 못했지만, 실전에 들어와 보면 아주 필요한 부분이다. 남들은 강단동양학을 할 때 나는 강호를 낭인처럼 떠돌면서 강호동양학을 연구하였다. 중년이 되면 직장 떨어지고 돈 떨어지는 낭인이 되어야만 하는 것이 작금의 세태다. 강호동양학은 이 '낭인의 시대'에 맞는 글이라고 생각한다.

이 책에는 대강 이러한 문제의식을 염두에 두고 신문에 연재했던 글을 모았다.

꽃피는 춘삼월에 장성 축령산 휴휴산방休休山房에서

조용헌 쓰다.

차례

2장

제가齊家: 집안을 정제하다

3장 치국治國: 나라를 다스리다

4장

평천하平天下: 천하를 평정하다

1장

수修 신身

몸과 마음을 닦다

修身

그늘에 들어가야 그림자가 쉬고

조선 시대 선비들은 젊었을 때는 유학을 신봉하였지만, 나이가 들어서는 도가에 침잠했다. 권력을 잡을 때는 유학이고, 물러나 은거할 때는 도가였다. 《논어》 이면에는 《장자莊子》가 있었다. 전남의 담양, 창평, 무등산 자락에 자리 잡고 있는 수십 채의 아름다운 정자亭子들은 도가 사상을 배경에 지니고 있다.

담양에 있는 식영정息影亭도 그렇다. 석천石川 임억령林億齡, 1496~1568이 말년에 거처했던 곳이다. 사위이자 제자였던 서하당棲霞堂 김성원金成遠이 장인이자 스승이었던 석천을 위해 자신의 정자가 있는 서하당 위 언덕에다가 식영정을 지어드렸다. 제봉霽峰 고경명高敬命, 송강松江 정철鄭澈도 이 정자를 드나들었으며, 송강의 그 유명한 〈성산별곡星山別曲〉의 산실이기도 하다.

왜 식영정인가? 《장자》 잡편의 〈어부漁夫〉 장章에서 이름을 따왔다. 강에서 고기를 잡는 어부가 공자를 타이르는 내용이 담겨 있다.

"공자 당신은 왜 그렇게 쓸데없이 바쁘게 사는가? 책임 있는 직책에 있는 것도 아닌데 세상에 인仁을 실현하겠다고 바쁘게 뛰어다니는 꼴이 참 안됐다. 그렇게 뛴다고 될 일 같으냐? 자신을 따라다니는 그림자[影]와 발자국[迹]은 열심히 뛸수록 더 따라붙는다. 그늘에 들어가야 그림자가 쉬고處陰以休影, 고요한 데 머물러야만 발자국이 쉰다處靜以息迹."

여기서 휴영休影과 식적息迹을 줄여 식영息影이 됐다. 그만 바쁘게 헐떡거리며 살아라! 이제 좀 쉬면서 자기 내면을 들여다봐라! 이것이 도가와 식영정의 이념이다.

식영정 주변 산세는 날카로운 바위산이 안 보여 편안하다. 그 대신 바가지처럼 둥글둥글한 금체봉金體峰들이 보인다. 이 금체봉들이 별처럼 생겼다고 해서 이 일대를 성산동星山洞이라 불렀을 것이다. 식영정은 정면에 힘 있는 문필봉인 장원봉壯元峯도 포진하고 있어 문사가 살기에 격국이 맞다. 정자가 깔고 앉은 15미터 높이 바위 언덕은 암기巖氣를 공급하고, 앞으로 감아 돌아 흐르는 자미탄紫薇灘은 수기水氣를 공급한다. 천 년 된 낙락장송落落長松과 함께 인간문화재 이동호 선생이 식영정을 지키고 있다.

뱃놀이로 시름을 잊다

정신적 스트레스를 어떻게 풀어야 하는가? 조선 시대 유학자들에게는 두 가지 노선이 있었다.

기호학파는 계곡으로 들어갔다. 물이 좋고 바위가 좋은 계곡의 10리 정도를 구곡九曲으로 나눈 다음에, 그 중간쯤에다가 정자亭子나 정사精舍를 지어놓고 쉬었다. 송시열의 괴산 화양구곡華陽九曲과 암서재巖棲齋, 김수증이 강원도 화천에 조성해 놓았던 곡운구곡谷雲九曲과 화음동정사華陰洞精舍가 그러한 모델이다.

기호학파 노론에 구곡을 좋아하는 전통이 있었다면, 영남학파 남인은 늦봄부터 초가을에 걸쳐 낙동강에서 배를 타고 노는 선유벽船遊癖이 있었다. 낙동강은 여러 물길이 하나로 모이는 데다 길기 때문에 배를 타기 좋은 조건이었다. 퇴계도 배 타기를 좋아하

였다. 시간만 나면 도산서원 앞의 의촌宜村나루에서 친구나 제자들과 함께 배를 띄웠다고 전해진다.

'부운浮雲', '부초浮草, '부세浮世'라는 표현처럼, 인생살이란 자기 의지와는 상관없이 둥둥 떠다니는 것이라는 이치를 실감하게 해주는 방편이 아마도 뱃놀이 아니었을까.

물은 또한 인간의 몸을 3D로 완벽하게 감쌀 수 있다. 그래서 긴장을 이완해 주는 효과가 크다. 머리가 터질 듯한 화기火氣도 내려준다. 근심 걱정으로 머리 아픈 사람들은 물을 가깝게 해야 한다. 공자도 '기수沂水에서 목욕하는 것'을 최고의 풍류라고 하지 않았던가!

영남학파에는 퇴계 이후로 낙동강에 배를 띄워놓고 휴식하는 전통이 내려왔다. 《기락편방沂洛編芳》 같은 문건이 영남학파의 선유풍류船遊風流 전통을 기록하고 있다. 칠곡, 성주, 의령, 창녕 등이 뱃놀이 요지였다. 배 크기는 아마도 5~8인승 정도였을 것이고, 서너 척에 선비 20명 정도가 나눠 탔을 것이다. 강을 타고 내려오다가 중간중간 동네에 들르면 그 동네 사람들이 음식을 장만하여 선유객들을 대접하였다고 한다. 그러면서 명사名士도 만나보고, 시도 짓고, 학문적 토론도 벌였다. 음식은 낙동강 잉어탕과 보신탕이 주 메뉴였다.

음력 7월 기망旣望, 16일이 다가오는데 나는 어디로 가서 배를 탄단 말인가!

금오도金鰲島 비렁길을 걷다

섬은 마지막 남은 오지다. 배를 타고 바다를 건너야 하는 섬은 아직까지 오지로 남아 있다. 배를 타고 물을 건넌다는 것은 왠지 모를 고립감을 준다. 그 고립감이 새로운 차원으로 몰입하게 도와주는 힘이 된다.

여수 돌산에서 배를 타고 30분 정도 들어가야 하는 금오도金鰲島의 비렁길은 1960~70년대 느꼈던 이 땅의 자연 풍광이 그대로 보존되어 있는 길이었다. 금오도는 섬 주변을 해발 80~90미터 높이의 절벽(벼랑)이 감싸고 있는 지형이다. 벼랑을 이 지역 사투리로 부르면 '비렁'이다. '비렁길'은 해안가의 절벽 주위로 난 길을 걷는 코스다. 함구미마을에서 장지마을까지 총 18.5킬로미터. 천천히 걸으면 7~8시간 정도 걸린다.

비령길을 걷는 동안 오른쪽으로 보이는 풍경은 온통 푸른색으로 빛나는 남녘의 바다였다. 중간중간에 섬들이 자리 잡고 있어서 달력에 나오는 사진 같은 풍광을 연출한다. 눈이 부시도록 아름다운 풍경을 바라다보면 시간이 멈춘 것 같은 느낌을 받는다. 해안 절벽을 따라 걷는 길은 시간이 멈춘 신화적인 공간을 내가 걸어가고 있다는 착각을 일으키게 하였다. 시간이 멈추면 진공상태로 들어간다. 진공상태에서는 과거도 지워지고 미래도 생각나지 않고, 가슴을 짓누르는 근심 걱정도 잊을 수 있다.

길옆은 남녘에서 자라는 대나무 숲과 동백나무들이 둘러싸고 있다. 붉은 동백꽃은 피어서 이미 지고 있었다. 그 나무들이 풍기는 냄새들도 향긋하다. 평소에 잘 못 보던 수종樹種들은 '내가 낯선 곳에 왔구나' 하는 실감을 준다. 비령길 중간중간에는 전망을 즐길 수 있는 포인트도 있다.

'미역널방(미역널바위)'은 100미터 높이의 깎아지른 바위 절벽에 있었다. '단애斷崖'라고 하는 곳이 바로 이런 지점이다. 섬 주민들이 미역을 말리던 장소였다고 한다. 1시간 정도 더 가니까 신선대神仙臺가 나오는데, 이곳 역시 도끼로 잘라놓은 것 같은 바위 절벽의 형상이다. 이러한 장소에서 2~3시간 바둑을 두면 바위에서 나오는 암기岩氣를 충분히 받는다. 얼굴의 피부가 팽팽해지는가 하면 허벅지에서 힘이 솟는다. 비령길을 걷고 나니까 보름치 보약을 먹은 것 같다.

석파정石坡亭에서 봄을 만나다

봄은 꽃과 함께 온다. 꽃은 색계色界를 대표하고, 인간은 색을 좋아하기 마련이다. 서울 부암동의 대원군 별장이었던 석파정石坡亭에는 봄이 도착해 있었다. 분홍빛 진달래와 산벚꽃, 노란빛 개나리, 하얀 목련, 샛노란 수선화가 바위 언덕에 만발해 있다. 꽃들은 평지보다 화강암 바위들과 어울려 색이 더 눈에 들어온다. 돌 석石에 고개 파坡다.

석파정에 올라가 보면 서울의 산세가 내뿜는 화강암의 독특한 매력을 흠뻑 즐길 수 있다. 베이징에도, 도쿄에도 없는 풍광이다. 흥선대원군이 그린 난초를 석파란石坡蘭이라 하지 않던가. 대원군이 자신의 호를 '석파'라고 지은 계기는 석파정에 와서 살면서부터라고 한다. 당대 세력가 안동 김씨 김흥근金興根, 1796~1870의 별장이었던 삼계동정사三溪洞精舍를 대원군이 손에 넣고 나서 이름도 석파정으로 바꿨던 것이다.

석파정은 주변이 온통 바위산으로 둘러싸였다. 인왕산 자락이 휘돌아 내려와 자리를 이룬 곳이다. 좌측 청룡으로는 청와대 뒷산인 백악봉白岳峰이 힘차게 솟아 있고, 오른쪽 백호에는 인왕산이 버티고 있다. 멀리 뒤쪽으로는 험준한 보현봉普賢峰이 내려다보고 있는 형국이다. 가관可觀인 것은 석파정 앞으로 보이는 안대案對다. 인왕산에서 백악봉으로 돌 고개가 이어져 있다. 앞이 뻥 뚫려 있지 않고 언덕으로 연결되어 기운이 빠지지 않는다. 대원군이 이 터를 욕심냈던 이유도 이 때문이 아닌가 싶다.

나는 이 안대에 감탄했다. 청나라 양식이 가미된 석파정 정자는 계곡물 소리를 들을 수 있는 작은 골짜기에 자리 잡고 있다. 비 오는 여름에 이 정자에서 물소리를 들으면 근심 걱정이 씻겨 내려간다.

천석고황泉石膏肓이라 했던가! 병이 들 정도로 바위와 계곡물을 좋아했던 조선 선비의 취향이 그대로 반영된 정자다. 이 동네 들어오는 문 이름도 자하문紫霞門이다. '붉은 노을' 너머는 선계仙界를 의미한다. 이 유서 깊은 돌 명당에 지어진 서울미술관은 누구나 구경할 수 있다. 서울의 봄을 만끽할 수 있는 명승지다.

중년의 세 가지 길

중년이 되니까 왜 이렇게 인생이 무거운지 모르겠다. 나만 그런 게 아니고 주변 친구들도 그렇다. 긴장·불안·허무라는 세 가지 감정이 풍차 날개처럼 끊임없이 돌아가면서 공격해 온다. 이 풍차 밑에 오래 앉아 있으면 중병이 들거나 자살할 것 같다.

이 고비를 넘기기 위한 처방전은 무엇인가?

첫째로 스페인 산티아고 순례길을 걷는 방법이 있다. 하루에 7~8시간씩 줄잡아 한 달을 걷는 코스다. 최근 몇 년간 산티아고 순례길이 한국 사람들로 붐비고 있다. "왜 이렇게 한국 사람이 많이 오는 건가요? 참 신기해요." 현지 여관 주인들의 질문이라고 한다. 아시아에서 이 길을 가장 많이 걷는 사람이 한국인이다. 일본인, 중국인은 별로 없다. 동북아시아에서 유일하게 기독교(구

교·신교)를 받아들인 한국 사람들 입장에서 보면 산티아고 길은 이방異邦의 길이 아니다. 영적인 순례의 길이기도 하다. 돈과 시간이 안 되면 제주의 올레길도 훌륭하다. 바닷물에서 뿜어져 나오는 염기鹽氣가 긴장을 풀어준다.

둘째는 네팔의 히말라야 트레킹이다. 히말라야 트레킹에서 울긋불긋 등산복 입은 사람을 보면 대부분 한국 중년들이다. 하얗게 눈이 쌓여 있는 첩첩의 설산雪山을 걷다 보면 근심을 잊는다. 공수래공수거空手來空手去를 실감한다. 장편《촐라체》를 쓴 소설가 박범신에 따르면, 4천 미터 높이에서 한 달 이상을 걸어야 확실한 효과를 본다고 한다. 가난의 땟국이 절어 있는 카트만두 골목길을 걸으면서 '여기에 비하면 내 팔자가 낫다'는 생각도 해본다. 돈과 시간이 안 되면 국내의 지리산과 설악산을 걸으면 된다.

셋째 길은 템플 스테이temple stay다. 외국인들이 꼽는 한국의 대표적인 문화 상품에 템플 스테이가 들어간다. 새벽녘의 잠결에 아련히 들리는 스님들의 도량석道場釋 소리와 범종 소리는 묘한 여운을 준다. 큰 절의 산내山內 암자들을 여기저기 둘러보며 안개와 붉은 노을을 감상해 보기도 한다. 옛날 정신세계의 고단자들이 살았던 절에 가면 맑은 기운이 뭉쳐 있어서, 사람의 마음이 쉽게 안정되는 효과도 있다. 산과 바닷길을 걸으면서 이 고비를 넘어보자.

기도의 5단계

기도를 많이 해본 사람들을 관찰해 보니 각기 단계가 있었다. 대략 5단계다.

첫 번째 단계는 갈구하는 단계다. '저 돈 좀 벌게 해주세요', '병을 낫게 해주세요', '승진하게 해주세요' 하는 기도다. 자기 소망을 들어달라고 신에게 통사정하고 울부짖는 기도를 한다. 자꾸 뭔가를 달라고 요구한다. 처음에는 이런 식으로 기도할 수밖에 없다. 인간은 발등에 불이 떨어지면 우선 당장은 그 불을 끄는 데 온 정신을 집중할 수밖에 없다. 자존심을 버리고 울부짖을 수밖에 없다. 이성理性을 따질 계제가 아니니다.

이 단계가 지나면 두 번째 단계가 온다. 이때부터는 하느님 또는 초월 세계가 내게 어떤 메시지를 던지는지 주목한다. 뭔가를

달라고 하지 않고 조용하게 메시지에 귀 기울인다. 젖 달라고 떼를 쓰지 않는다.

세 번째는 감사 단계다. 사업이 망했어도 '감사합니다', 죽을병이 찾아와도 '감사합니다', 불이 나도 '감사합니다' 하고 기도한다. 이 단계는 적어도 50세는 넘어야 가능하다고 본다. 그저 감사할 뿐이다. 천하만사무비도天下萬事無非道, 만사가 도道 아닌 것이 없다.

네 번째는 찬양하는 단계다. 무슨 일이 없어도 항상 신을 찬양한다. 일상생활에서도 항상 기도가 되는 상태다. 밥 먹는 시간에도, 지인들과 이야기하면서도, 자기 할 일을 하면서도 기도가 된다. 기도하려고 노력하지 않아도 자동으로 기도가 되는 것이다.

다섯 번째는 무심無心의 단계다. 기도하려는 마음도 없는 상태다. 신을 생각하지도 않는 무심의 상태를 말한다.

보통 사람의 기도는 첫 번째에서 시작한다. 세 번째부터는 상당히 수준 높은 기도지만 보통 사람이 들어가기는 쉽지 않다. '기도발'을 받기 위해서는 장소도 중요하다. 바위가 많은 곳에서 하면 효험이 있다. 유럽의 영험한 수도원들을 보면 대부분 바위산이나 바위 절벽 가까이에 있다. 이는 한국 지형에서도 마찬가지다. 또는 성인이 과거에 기도했던 터에서 하면 효과가 높다. 이탈리아의 프란체스코 성인이 계셨던 '아시시Assisi'에 가보니 온통 밝은 빛이 감싸고 있었다.

스승을 만나라

팔자를 고치는 여섯 가지 방법 가운데 하나가 스승을 만나는 것이다. 인생에는 여러 분야의 스승이 있고, 지도 방법도 각기 다르고, 만나게 되는 계기도 다르다. 제주시에 가면 한양식당이라는 곱창 전골집을 가끔 들르는데, 올봄에 이 식당 주인이 스승을 만나 팔자를 고친 사연을 듣게 되었다.

원래 이 주인은 고스톱과 포커가 유일한 취미였다. 일이 끝나고 나면 주변 친구들을 모아놓고 집에서 술값 내기 고스톱을 치는 것이 삶의 낙이었다. 보통 저녁 9시부터 시작하면 새벽 2~3시까지 시간 가는 줄 모르고 거의 매일 치다 보니 어깨와 목에 근육통이 왔다. 한 자세로 장시간 구부리고 앉아서 도박을 하다 생긴 직업병(?)이었다. 매일 시각장애인 안마사를 불러 목과 어깨를 지압하고, 침을 맞기도 하고, 나중에는 신경외과에 가서 주사를 맞아야만 하였다. 주사를 많이 맞다 보니까 하루는 의사가 "주사는 이제 그만 맞고 요가를 해보라"고 권유하였다. 이렇게 해서 제주시에 있는 요가 스승을 만났다. 매일 새벽 1시간씩 빠지지 않고 도장에 나가 요가를 했다.

그러기를 3년쯤. 어느 날 몸에 변화가 왔다. 갑자기 옆구리 앞쪽과 뒤쪽 부위로 굼벵이가 기어 다니는 것같이 내장이 꿈틀거리는 체험이었다. 몸 안에서 돼지 새끼가 뛰어다닌다고나 할까. 좌우 콩팥이 움직이는 것처럼 느껴졌다. 그러면서 어깨와 목 뒤의 통증도 사라졌다. 몸의 변화를 겪고 도박을 끊어버렸다. 우리 몸의 경락 가운데 '족소음신경', '족태양방광경', '족궐음간경'이 열린 것이다. 올해 5월에는 남자가 하기 어렵다는 '하누만아사나 Hanumanasana, 원숭이가 달리는 자세'를 성취하였다. 상체는 정면을 향하고 다리를 앞뒤로 쭉 벌려 바닥에 앉는 자세다. 이 자세가 되면 전립선 질환은 안 생긴다. 빈뇨, 요실금에도 좋다. 방광과 신장이 좋아지는 것이다. 의자에 앉아서 생활을 많이 하고 스트레스를 많이 받으면, 신장과 방광이 눌려 화기가 머리 위로 치솟는다. 화를 잘 내고 정서가 불안해진 사람들은 원숭이 자세를 취하면 피부도 좋아지고 차분해진다. 50대 후반의 이 식당 주인은 스승을 만나 10년째 요가를 하고 나서 팔자가 바뀐 사례다.

기쁨을 주는 사람

어느 순간엔가 사람을 만나는 것이 피곤하게 느껴지기 시작한다. 자신의 에너지가 떨어지고, 취향과 호오好惡가 굳어져 버리면 새로운 사람을 만나는 것이 귀찮고 부담스럽게 여겨진다. 그렇게 되면 이미 알고 있는 익숙한 사람만 만나게 된다.

세상을 살면서 만나는 상대방에게 기쁨을 주는 사람은 어떤 인물일까? 조선조의 여헌旅軒 장현광張顯光, 1554~1637이 그랬다고 한다. 방 안에서 그와 같이 이야기를 나누다 보면 그 방이 환해졌다고 전해진다. 같이 앉아 있는 사람들의 마음이 환해졌던 것이다. 여헌의 인품과 수양에서 우러난 에너지가 사람들에게 전달되었기 때문이다.

몇 년 전, 춘천에 가서 천주교 원로인 장익 주교를 만난 적이 있다. 전前 춘천 교구장인 그는 장면張勉, 1899~1966 전 총리의 아들이다. 거실에는 '앉은 자리가 꽃자리여'라는 시구詩句를 쓴 붓글씨 액자가 걸려 있었다. 성직자의 기품과 온화함 그리고 지성적 교양이 몸에 배어 있는 분이었다. 장익 주교를 만나고 오는 길에 내 마음을 살펴보니 왠지 모르게 마음이 환해져 있었다.

몸 안의 임독맥任督脈과 기경팔맥奇經八脈이 열린 도인道人을 만나 이야기를 나누면 또한 피곤하지가 않다. 상대방에게 에너지를 돌려주는 힘이 있기 때문이다. 서울 안국동에 있는 다실茶室에서 수불선사修弗禪師를 만나 새벽 3~4시까지 이야기를 나눠본 적이 몇 번 있었다. 그때마다 별로 피곤하지가 않았다. 다실 터에서 올라오는 짱짱한 지기地氣도 좋았지만, 선사에게서 품어져 나오는 기운이 내 몸의 막힌 경락을 뚫어주었기 때문이다. 마치 사우나를 한 것 같은 느낌이었다. 머릿속에 있는 잡스러운 생각과 탁한 기운이 정화된 덕이다.

엊그제는 침향沈香 전문가인 정용주 선생을 만났더니 기분이 상쾌해졌다. 방 안에 은은하게 배어 있는 침향 때문이었을까, 아니면 집주인의 인품 때문이었을까. 좋은 향을 맡아도 상기된 에너지가 내려가고 마음이 안정된다.

이 세상에는 좋은 기운을 가진 사람도 많이 있는데, 청와대에서 환관宦官들만 만나는 대통령이 안됐다는 생각이 든다.

어둡고 혼돈스러운 날에는

혼일독사昏日讀史, 어둡고 혼돈스러운 날에는 역사책을 읽는다. 역사는 판례집判例集이기 때문이다. 경험해 보지 못한 상황에 직면했을 때에는 이미 경험해 본 사람의 이야기를 들어볼 필요가 있다.

서양 삼국지가 여기에 해당한다. 앙드레 모루아Andre Maurois, 1885~1967가 쓴《영국사》(1937),《미국사》(1943),《프랑스사》(1947)를 나는 서양 삼국지로 생각한다. 평일平日에는 명나라 나관중의《삼국지》를 읽었지만, 한국 민주주의가 업그레이드되는 이 시점에서는 프랑스의 저명한 문필가인 모루아의 삼국지가 훨씬 영양가 있다. 패러다임이 바뀌었다. 같은 역사책이라도 역사가가 저술한 역사가 딱딱한 갈비뼈 같은 맛이라면, 문학가가 쓴 역사책은 이 딱딱한 갈비에다 부드럽게 다진 고기를 떡처럼 붙여놓은 맛이다. 마치 '떡갈비' 같다고나 할까. 역사가는 주관적 감정을 배제하고 객관적 고증만을 추구하지만, 문학가가 쓴 역사책에는 저자의 주관적 감수성이 묻어 있는 탓이다.

영국사는 끊임없는 협상과 타협의 연속이었다. 1215년 왕권을 제약하는 법률 문서인 마그나 카르타Magna Carta가 타협을 통해서 문제를 해결하려고 했던 영국 정신을 보여준다. 프랑스 역사는 혁명이 뭔지 보여준다. 세계 모든 혁명의 교과서가 되었다. 미국사는 남북전쟁에서 승리한 북군이 패자인 남군을 학대하거나 탄압하지 않았던 면이 주목된다. 역시 링컨의 역할이 돋보인다.

모루아의 삼국지를 한글로 모두 번역한 사람이 신문사 파리 특파원을 지낸 신용석이다. 부친이 인천에서 '신외과'로 유명했던 신태범愼兌範, 1912~2001인데, 의사였던 그가 1940년대에 모루아의 일어판《영국사》·《미국사》를 읽고 감명을 받아 1970년대에 자비로 출판을 하였다. 신태범은 아들인 신용석에게 '내가 미국사를 했으니 네가 나머지를 꼭 번역하라'는 당부를 하였다. 신용석의 조부인 신순성愼順晟, 1878~1944은 우리나라 최초의 선장이다. 동경고등상선학교를 졸업하고 1903년에 양무호 초대 함장을 지냈다. '지금이 몇 시인가?'를 알고자 했던 제물포 신씨愼氏 집안의 정신이 앙드레 모루아 삼국사를 번역하는 힘이었다.

독차獨茶, 포차飽茶, 주차酒茶, 열차悅茶

'독차獨茶'는 홀로 마시는 차다. 글을 쓰는 작가는 출퇴근이 없으니 오전에는 집에서 주로 독서를 하는 습관이 있다. 오전에 하는 독서는 역사, 경전經典이다. 경전은 군더더기가 없다는 점이 장점이다. 부스러기가 없다. 경전을 많이 봐야 이야기에 알맹이가 담긴다. 현실 세계에서 판단을 내리는 데에는 역사가 참고 자료다. 옛날 어른들은 '유일독사柔日讀史, 강일독경剛日讀經'이라 했다. 마음이 해이해진 날에는 역사책을 보고, 마음이 긴장되고 쫓기는 심정이 될 때는 경전을 보라는 말이다. 독서를 하면서 중간에 혼자서 차를 마신다.

'독차'를 할 때는 반발효차인 대홍포大紅袍를 마신다. 중국 무이산武夷山, 중국어 발음 우이 산의 암기巖氣를 머금고 내뿜는 대홍포의

향은 유구한 역사의 풍파를 녹여놓은 향기다. 나는 대홍포의 향이 왠지 익숙하다.

'포차飽茶'도 있다. 포차는 과식해서 포만감을 느낄 때 먹는 차다. 과식을 하고 나면 배가 꽉 찬 느낌으로 속이 부대낀다. '왜 내가 이렇게 미련한 짓을 했는가?' 발등을 찍는다. 이때 먹는 차가 포차인데, 주로 녹색의 국내산 말차抹茶를 먹는다. 말차는 색깔이 좋다. 녹색 아닌가! 사람에게 가장 편안한 느낌을 주는 색깔이 녹색과 연두색이다. 말차를 마실 때는 흑유黑釉를 바른 천목天目다완을 쓴다. 검은색이 들어간 천목다완과 녹색의 말차는 화려한 대비를 이룬다. 말차를 먹을 때는 녹색의 정점을 먹는 기분이 든다.

'주차酒茶'도 있다. 술을 먹고 난 후에 술을 깨기 위해 먹는 차가 주차다. 국산 녹차를 차호茶壺에 뜨거운 물을 붓고 우려서 먹는다. 알코올의 천적은 '차'다.

'열차悅茶'도 있다. 기쁠 열悅, 기쁘게 마시는 차다. 멀리서 친구들이 찾아와 서로 기분 좋게 담소하며 마시는 차가 열차다. 공자님이 '유붕有朋이 자원방래自遠方來 불역낙호不亦樂乎'라고 했듯이, 멀리서 친구가 빈손으로 오는 것보다는 평소 본인들이 즐겨 마시던 보이차를 가지고 와 친구에게 헌납하면 이 또한 기쁘지 아니한가! 미세 먼지에도 차는 좋을 듯싶다.

묘비명과 적벽부
墓碑銘 赤壁賦

마지막 가는 마당에 어떤 묘비명을 남길 것인가? 정치인 김종필은 2년 전 90세를 맞았는데, 자찬自撰 묘비명이 신문에 소개되었다. '年九十而知八十九非연구십이지팔십구비'. '나이 90이 되어 생각해 보니 지난 89세까지가 모두 헛된 인생이었구나'라는 뜻이다.

모든 인간은 생의 마지막에 임박해서 자기의 지난 인생을 부질없었다고 여기는 것일까? 영국의 독설가 버나드 쇼George Bernard Shaw도 '우물쭈물하다가 이럴 줄 알았다'는 묘비명을 남겼다. 옛 선현들은 '연월일시年月日時 기유정旣有定인데 부생浮生이 공자망空自忙이라'고 한탄하였다. 연월일시는 팔자를 가리킨다. '하늘의 섭리[八字]가 이미 정해져 있는데 뜬구름 같은 인생들이 그것도 모르고 공연히 스스로 바쁘다'는 말이다. 나는 '공자망'이라는 표현이 목에 걸린다.

그 대신 소동파蘇東坡가 남긴 만고의 명문 〈적벽부赤壁賦〉가 가슴을 친다. 인생무상을 느낄 때마다 우리 조상들이 술을 한잔하면서 서로를 위로했던 산문시[賦, 부]다. 정권 실세에 찍혀 유배 중이었던 소동파가 적벽에서 달이 밝은 날에 지인들과 배를 띄우고 놀다가 인생의 유한함을 절감하는 내용이다.

적벽대전에서 인생을 걸고 한판 대결을 벌였던 영웅호걸들은 다 어디로 갔나! 적막한 강물에 달빛만 교교히 비치고 있다. 일엽편주에 몸을 싣고 술잔을 주고받으며 인생을 돌이켜보니 천지에 하루살이가 붙어 있는 것과 같고, 망망대해에 한 알의 좁쌀처럼 보잘것없다. 인생은 참으로 덧없이 흘러가지만 장강長江, 중국어 발음 창장 강의 강물은 끝이 없이 흐르는구나! 변화의 관점에서 보면 천지가 한순간도 변하지 않을 때가 없지만 불변不變의 관점에서 보면 천지자연과 인간이 씨가 마른 적이 있던가? 저 강 위의 청풍淸風과 산 위의 명월明月은 귀와 눈을 갖다 대면 음악이 되고 그림이 되지 않는가! 누가 가져다가 즐겨도 말리는 사람 없고, 아무리 써도 없어지지 않는다. 이는 조물주가 만든 무진장의 보물이니 우리가 마음껏 누려보자꾸나. 그러니 오늘 만고의 시름을 잊고 술 한 잔을 해보세!

아직 60도 안 된 젊은 사람이 감히 90의 김종필 선생에게 위로의 〈적벽부〉를 드리고 싶다. '팔십구시八十九是!'

도道가家와 히말라야

인생살이에서 누구나 궁지에 몇 번쯤은 몰린다. 인생 파탄의 위기에 직면하였을 때 자살하는 사람도 있지만 산으로 들어가는 사람이 있다. 입산入山이다. 입산하면 자살하는 사람 없고, 굶어 죽는 사람 없다. 모세가 시나이 산Sinai 山으로 입산하여 굶어 죽었는가? 모세가 나이 먹어서 입산하기까지 그 얼마나 고통을 겪었겠는가.

1894년 동학혁명군이 처참하게 살육당하는 피바람에서 겨우 목숨을 건진 청년 강증산姜甑山, 1871~1909은 김제 모악산母岳山으로 들어갔다. 얼마나 큰 한恨을 품었겠는가! 모악산 대원사大院寺 산신각에서 49일 기도를 한 끝에 엄청난 권능을 얻는다. 조선 중기 함열 출신 남궁두南宮斗, 1524~1620는 애첩이 다른 남자와 놀아

나자 두 사람을 때려죽이고 지리산으로 들어갔다. 명산대천을 정처 없이 떠돌다가 무주 적상산赤裳山에서 도인을 만나 신선술神仙術을 배웠다. 허균이 90세가 된 남궁두를 만났는데 얼굴빛이 어린아이와 같았다고 한다.

유가儒家의 선비들도 젊었을 때는 현실 정치에 적극적인 행보를 보이다가 끔찍한 정쟁政爭을 겪고 나면 산으로 들어갔다. 퇴계 이황이 도산서원으로 들어가 청량산淸凉山을 노래한 것도 이러한 맥락이고, 양산보梁山甫와 김인후金麟厚가 사화士禍를 겪고 담양의 소쇄원瀟灑園으로 들어가 은둔 생활을 한 것도 같은 맥락이다. 송시열도 화양구곡華陽九曲 골짜기에 지은 암서재巖棲齋에서 은둔했더라면 말년에 당쟁에 엮여서 사약을 받는 일은 없었을 것이다. 송시열이 그렇게 존경했던 주자朱子도 말년에 무이산에 들어가 〈무이구곡가武夷九曲歌〉를 부르며 세상에 안 나왔건만, 송시열은 주자의 처신을 못 배웠단 말인가!

젊었을 때는 유가를 하지만 나이가 들면 도가道家를 하는 것이 코스다. 산을 좋아했던 나는 계룡산에서 고교를 다녔고, 지리산에서 학사, 중국 여산廬山, 중국어 발음 루산 산과 화산華山, 중국어 발음 화산 산에서 석사를 했고, 네팔의 히말라야가 박사과정이었다. 도가의 마지막 산이자 이상향인 히말라야가 네팔 지진으로 참혹한 피해를 입은 사진을 보면 가슴이 정말 아프다. 내 땅 계룡산으로 다시 가는 수밖에 없다.

두보杜甫의 표박漂泊

중국 무협지로 유명한 화산파華山派의 도사 양성 커리큘럼을 보니까 고급 과정에 표주漂周가 있었다. 3년간 돈 없이 천하를 돌아다녀야 학점을 딴다. 방점은 '돈 없이'에 있다. 신용카드 가지고 다니면 유람이 된다. 카드 없이 돈 없이 다녀야 세상 공부가 된다.

두보는 54세부터 시작해서 59세에 죽을 때까지 표박漂泊을 하였다. 말년에 고생만 하다 간 것이다. 표漂는 떠돈다는 의미다. 박泊은 배를 댄다는 뜻이다. 두보는 난리가 나자 배를 타고 고향을 떠나 중국 양쯔 강 일대를 떠돌아다녔다. 혼자도 아니고 가족을 동반한 상태였다. 더군다나 두보는 폐병을 앓고 있었는데, 배를 타고 떠돌면서 중풍까지 왔다. 오른팔은 마비됐고 한쪽 귀도 들리지 않았다. 식구들 먹을 끼니도 없는 데다 습기 찬 조그만 배에서 쪼그려 잠을 자는 생활을 했으니 몸이 병들지 않을 수 없었을 것이다. 이런 상태에서 떠돌다가 그 유명한 후난湖南 성의 웨양루岳陽樓에 구경을 갔다.

몸은 병들고 가족은 배고파서 떨고 있는 상태에서도 호쾌한 둥팅 호洞庭湖 풍광이 그의 심금을 울렸다. 이때 남긴 두보의 시가 〈등악양루登岳陽樓〉다. 이 시에서 '오초동남탁嗚楚東南坼 건곤일야부乾坤日夜浮' 대목이 절창絶唱이다. '오나라와 초나라는 동쪽과 남쪽으로 열려 있고, 하늘과 땅은 밤낮으로 물 위에 떠 있다'는 의미다. 둥팅 호가 천하의 오나라와 초나라를 나누어놓았고, 건곤이 그대로 물 위에 떠 있다는 상상력은 너무나 호쾌하다. 생활의 주름은 하나도 없다. 그 고생과 서러움과 고독을 겪으면서도 어떻게 이런 천지의 호탕함을 노래할 수 있었는지 감탄하지 않을 수 없다.

이 시를 쓸 때 두보의 나이가 57세였다고 한다. 인간은 춥고 배고픈 고생을 해야 작품이 나오는 것인가! 화산파 도사들은 역술易術, 학술學術, 의술醫術을 익혀서 표주를 해도 밥은 굶지 않았지만, 두보는 무엇을 가지고 생계를 해결하였을까? 시술詩術이었을까. 조선의 김삿갓은 시술로 유랑 생활을 하였고, 이중환은 파직당하고 전국을 떠돈 방랑 끝에 저술著術을 남겼다. 《택리지擇里志》가 그것이다. 나는 칼럼술術을 가지고 전국을 떠돈다.

영겁회귀永劫回歸 장례법

옛 어른들 말씀이 '생사대사生死大事요, 무상신속無常迅速이라'고 하였다. 이 세상에서 가장 큰 일이 죽는 일이다.

이집트 파라오들은 시체를 없애버리지 않았다. 미라를 만들었다. 죽은 자가 다시 부활할 수 있는 물적 토대를 보존하는 장례법을 발전시켰다. 인도는 불에 태우는 화장火葬이다. 다른 몸을 받아서 환생한다고 믿었기 때문에 이승에서 사용한 육체는 버려야 한다. 죽음이란 낡은 가죽 포대를 벗는 것이므로 미련이 없었다. 한자 문화권의 매장埋葬은 명당을 강조하였다. 명당에 시체를 묻으면 죽은 자도 편안한 음택陰宅에서 머무를 뿐만 아니라, 그 후손도 복(재물·벼슬)을 받는다고 믿었다. 산 자를 위한 장례법이 명당풍수明堂風水다.

티베트의 조장鳥葬도 있다. 독수리에게 시체를 뜯어 먹도록 하는 방법이다. 조장은 티베트에서만 하는 줄 알았더니 이란의 조로아스터교가 원조였다. 키루스와 다리우스 대왕이 다스리던 페르시아제국의 종교가 조로아스터교다. 신전에 불을 모셔놓는다고 해서 배화교拜火教라고도 부른다. 길게 잡으면 그 역사가 7천 년이고, 짧게 잡으면 3,753년이다.

조로아스터교는 무조건 조장이었다. 도시 근처의 야트막한 야산 정상에 조장터를 마련해 놓았다. 나무가 없는 황량한 야산이다. 조장터 주위에는 성처럼 둥그렇게 담을 쌓아놓았다. 가족들이 시체를 조장터 밑까지 운반해 간다. 조장터 밑에는 가족이 머무르는 숙박 시설도 있었다. 둥그런 담벼락이 둘러쳐 있는 조장터에는 돌문이 하나 있다. 가족들이 시체를 조장사에게 인계할 때 이 문門을 통과한다. 문을 지나서 운동장 한가운데에다가 시체를 놓는다. 주변에서 기다리던 독수리들이 살점을 뜯어 먹는다. 살았을 때 남의 살을 많이 먹었으니 이번에는 자기가 독수리 밥이 될 차례인 것이다. 영혼은 독수리를 타고 하늘로 승천한다고 믿었다. 조장은 땅과 물의 오염을 방지하고, 화장할 때 필요한 목재도 아낄 수 있는 위생적이고 친환경적인 장례법이었다. 독수리가 돌아올 때 영혼은 다시 지상으로 환생한다. 니체가 말한 영겁회귀永劫回歸가 이것이다.

집을 떠나 홀로 숲에 살다

인도의 힌두교에서는 사람의 일생을 4단계로 설명한다. 태어나서 25세까지는 학습기學習期다. 공부하는 시기다. 26세에서 50세까지는 가주기家住期다. 결혼해서 가정을 이루고 산다. 자식도 키우고 사회적 의무를 행한다. 75세까지가 임서기林棲期다. 집을 떠나 숲 속에서 사는 기간이다. 자식도 키워놓고 사회적인 역할도 했으니 이제부터는 자신의 영혼을 구제하기 위하여 가족을 떠나 홀로 숲에서 사는 시기인 것이다. 76세 이후부터는 유랑기流浪期다. 거지처럼 여기저기 유랑하다가 길에서 죽는 시기다. 모든 집착에서 벗어나는 무소유無所有 체험을 위하여 빌어먹는 거지 생활을 반드시 해야 한다는 것이 힌두교의 가르침이다. 일본의 여행가 후지와라 신야藤原新也는 자신의 여행 철학을 '생사봉도生死

逢道'라고 정의한 바 있다. '길바닥에서 생사를 맞는다'는 '생사봉도'는 유랑기의 신념과 맞닿아 있다.

힌두교의 4단계 가르침 가운데 문제는 세 번째의 '임서기'다. 50대 중반에 직장을 그만두고 어떻게 살아야 한다는 말인가? 이 시기에 대하여 답을 알려주는 데가 없다. 힌두교는 집을 떠나 숲으로 가라고 한다. '나는 인생을 어떻게 마감할 것인가? 내가 세상에 태어난 의미는 무엇인가? 인생은 실패도 성공도 없다'는 이치를 명상해야 한다는 것이다.

그러나 말이 쉽지 어떻게 숲으로? 인도의 브라만은 50세가 되기 전 자신이 은퇴 이후에 머무르게 될 아시람(수도원)과 미리 인연을 맺어둔다고 한다. 한 달에 한두 번씩 정기적으로 아시람을 방문하면서 스승에게 인사도 하고, 필요한 생활용품을 제공하기도 한다. 아무런 인연도 없는 사람이 갑자기 아시람에 불쑥 찾아가서 임서기를 보낸다는 것도 어려운 일이다. 평소에 미리 투자해 놓아야 하는 것이다. 정년퇴직해서 집을 떠나 아시람에 들어가 공동생활을 하면 계율을 지키게 된다. 경전 공부도 하고, 고행도 하고, 명상도 하고, 봉사(헌신)도 한다. 봉사는 재능 기부도 있고, 육체노동도 있다. 하루에 6~8시간 정도를 봉사한다.

한국의 종교 단체에서도 은퇴자를 위한 수도원을 운영해 보면 어떨까 싶다.

부원병夫源病과 취사기炊事期

일본 사람들은 최근에 '부원병夫源病'이라는 희한한 병명病名을 지었다. 정년퇴직한 남편이 원인이 되어 생기는 병이라고 한다. 은퇴한 남편이 집에 눌러앉으면서 시시콜콜 참견하고 삼시세끼 밥 차려달라고 하면 60대 이상 부인들은 십중팔구 병이 든다. 남자들의 평균수명 50세 시대에는 이런 병이 없었다. 전쟁·전염병·기근이라는 '3재災'가 없어지면서 인류는 경험해 보지 못한 장수長壽 시대에 돌입하였다.

아프리카 사자 무리의 습성을 보면 수사자는 자리에서 은퇴하자마자 곧 죽음을 맞이하는 것이 관례다. 젊은 수사자의 도전을 받고 무리에서 쫓겨나면 혼자서 광야(?)를 헤매다가 굶어 죽는 것이다. 평소 암사자가 사냥해 오는 먹이를 편안하게 먹다가 집단에서 추방되어 혼자가 되면 사냥이 어려워진다. 늙은 수사자는 이런 방식으로 가차 없이 도태된다.

생태계는 비정하다. 인도의 힌두교에도 50세가 넘은 남자는 임서기林棲期로 진입하게 하는 관습이 있었다. 그동안 가족을 부양하고 사회적 책임을 다했으므로 50세부터는 가정을 떠나 숲 속에서 혼자 살라는 지침이다. 동네 뒷산의 원두막 같은 데서 혼자 거지같이 산다. 아니면 지팡이를 짚고 거지가 되어 떠돌이 생활을 한다. 그러다가 바라나시에 도착해서 장작으로 화장하여 뼛가루를 갠지스 강에 뿌리는 것이 소원이다. 자기를 되돌아보는 수행을 하라는 종교적 의미도 있지만 생식과 사냥의 임무가 끝난 늙은 남자는 가정에 짐이 된다는 현실적 의미도 내포되어 있지 않나 싶다.

고건 전 총리의 부친이 청송聽松 고형곤高亨坤, 1906~2004 박사다. 대학 총장까지 지냈다. 학교를 퇴직한 이후로 청송은 집을 떠나 정읍 내장산으로 혼자 들어갔다. 고내장古內藏 옆의 조그만 토굴 같은 집에서 혼자 밥을 끓여 먹으며 지냈다고 들었다. 물론 가족이 반찬과 먹을거리를 가지고 왕래는 하였지만, 청송은 인생 말년의 상당 기간을 내장산의 적막강산 속에서 보냈던 것이다.

'임서기'가 현실적으로 실천 불가능하다면 어떤 대안이 있을까? '취사기炊事期'가 대안이다. 부엌에서 앞치마 두르고 밥과 설거지를 하는 취사기 말이다.

용팔호일龍八虎一

용팔호일龍八虎一, '용법龍法을 8할 정도 쓰고, 호법虎法은 1할만 쓴다'는 말이다. 권법拳法의 배분이자 원리이기도 하다.

용龍은 물을 상징하는 동물이다. 물은 유연하고 낮은 데를 향해서 흘러간다. 《도덕경》의 핵심도 물에 있다. 바로 '상선약수上善若水'다. 높은 차원의 선은 물과 같다는 이치다. 무술 권법에서 용은 상대의 공격을 맞받아치지 않고 피하는 노선을 가리킨다. 나도 상대를 충분히 공격할 수 있음에도 불구하고 피하는 것이다. 피할 때는 물처럼 유연해야 한다.

반대로 호랑이虎는 공격을 의미한다. 공격도 간단한 공격이 아니라 상대를 기절시킬 정도의 강력한 공격이다.

'용팔호일'은 무술 고수가 상대와 붙었을 때 될 수 있으면 직접적인 가격을 하지 않고 피해 다니다가 어쩔 수 없는 상황에 이르면 필살의 한 방을 날린다는 권법의 이치다. 20년간 중국 각지를 돌아다니며 무술 고수들을 연구한 채희배蔡熙培 선생이 나에게 전해 준 무림의 비급祕笈이다.

원래 중국 무술의 본산지인 소림사의 권법은 호랑이를 닮은 호법 위주였다고 한다. 한 방 아니면 두 방에 상대를 쓰러뜨리는 초식招式이었다. 그러다 보니 가격하는 사람도 충격을 받았다. 필살기를 쓰다 보면 본인도 근육에 손상이 가고, 필요 이상의 원한을 사는 수가 있었다. 될 수 있으면 싸우지 않고 이기는 방법은 없는가? 그래서 나온 것이 용법龍法이었다. 상대의 공격을 계속 피해 다니는 것은 고수가 아니면 불가능하다. 공격하는 측에서도 도망 다니는 상대가 자기를 배려해서 반격을 안 하는 것이지, 못하는 것이 아니라는 사실을 깨닫게 된다.

용은 도가道家를 상징하고, 호는 불가佛家를 상징한다. 소림사에서 시작된 불가 무술이 도가 사상과 결합되면서 '용팔호일'이 나왔다고 본다. 호법의 대가였던 곽운심郭雲深, 1820~1901이 용법의 대가였던 동해천董海川, 1797~1882과 붙었을 때 곽운심은 팔괘장八卦掌을 사용하는 동해천을 한 방도 제대로 가격하지 못하였다고 전해진다. 이 대결을 계기로 곽은 동해천을 존경하게 된다. '용팔호일'은 삶의 원리이기도 하다.

명리학命理學에서 본 재물

명리학에서는 돈의 속성을 어떻게 보는가? 우선 재다신약財多身弱의 이치다. 돈이 많으면 몸이 약해진다고 명리학은 설파한다. 재물을 손에 넣으려면 에너지가 많이 소모되고, 신경 쓸 일이 많아진다. 돈이 많으면 옆에서 가만두지 않는다. 잡고 흔든다. 친척들도 도와달라고 손을 벌린다. 주변에 사기꾼이 모여든다.

큰 재물을 감당하려면 재다신강財多身强해야 한다. 몸이 강하다는 것은 무엇을 의미하는가? 판단력이 정확한 것을 의미한다. 어떤 상황의 핵심을 간파해 내는 능력 그리고 상대방의 마음을 읽어내는 독심술讀心術이 있는 사람을 판단력이 좋다고 말한다.

명리학에서는 몸을 튼튼하게 강화하는 방법을 두 가지로 제시한다. 하나는 인수印綬를 보강하는 방법이다. 인수는 학문과 공부를 뜻한다. 돈은 많고 몸이 약한 사람은 끊임없이 공부하는 사람을 가까이하고, 본인이 책을 보고 지혜로운 사람들과 가까이 놀아야 한다. 그러나 돈이 많으면 대체로 주색잡기를 좋아하고, 공부하는 쪽은 싫어한다.

보강하는 또 하나의 방법은 자기 동지를 많이 만들어두는 것이다. 자기를 보호하는 외호外護 인맥을 두텁게 형성해 두어야 한다. 그러자면 역시 주변 사람들에게 돈을 풀어야 한다. 돈을 쓸 줄 알아야 한다. 이것을 식신생재食神生財라고 부른다. 주변 사람들을 도와주는 데는 돈을 쓰고, 본인의 주색잡기에는 별로 돈을 쓰지 않는 스타일을 가리켜 식신생재 격이라고 한다. 작은 부자들은 돈을 아껴서 부자가 되지만, 큰 부자는 돈을 써서 부자가 된다. 재벌 창업자들의 사주팔자를 보면 공통적으로 식신생재 격이 많다. 사람을 잘 알아보고, 사람에 대한 투자를 할 줄 아는 팔자가 식신생재다. 지인지감知人之鑑, 사람을 보는 감식력이 있어야 쓰는 돈이 보람 있다.

식신생재 팔자를 타고나는 사람들의 공통점은 윗대 조상 가운데 적선을 많이 한 사람이 반드시 있다는 사실이다. 조상이 쌓아놓은 복을 후손이 받아먹는 셈이다. 이런 이치를 알고 있었던 지혜로운 부자들은 집안에 우환이 생기거나 몸이 아프면 재물을 풀었다. 주변을 기쁘게 하여 그 기쁜 에너지를 자신이 당겨서 쓰는 셈이다.

주역周易괘卦와 인생

조선조 선비들은 《주역周易》의 64괘 가운데 하나를 뽑아 자신의 인생 지침으로 삼았다. 하회마을의 겸암謙庵 류운룡柳雲龍, 1539~1601은 15번째 지산겸地山謙 괘를 좋아하였다. 호도 '겸암'이다. 서애西厓 류성룡柳成龍, 1542~1607의 친형이다. 지산겸은 위에는 땅이, 아래에는 산이 있는 형상의 괘다. 항상 겸손하라는 메시지다. 서애가 임진왜란 때 정승을 맡아 난국을 수습할 수 있도록 뒤에서 보이지 않게 도와주었던 인물이 류운룡이다. 서애가 전쟁 중 여러 가지 복잡한 판단과 진퇴 문제 등에 봉착했을 때 친형 겸암의 조언이 크게 작용했다. 겸암은 풍수, 주역, 복술卜術에 조예가 깊은 도인이었다.

인동 장씨인 장현광 선생은 호가 여헌旅軒이다. '여헌'이란 여인숙이란 뜻이다. 자신의 호를 여인숙이라고 정한 배경에는 어떤 인생관이 작용했을까. 이태백은 〈춘야연도리원서春夜宴桃李園序〉라는 문장에서, '천지는 만물이 하룻밤 쉬었다 가는 여인숙天地萬物之逆旅'이라고 설파한 바 있다. 테레사 수녀는 임종 직전에 "인생은 낯선 여인숙에서의 하룻밤과 같다"고 했다고 한다. 여旅는 56번째 괘인 화산려火山旅 괘다. 위에는 불이 있고 아래에 산이 있다.

조선조 4대 문장가 가운데 한 명인 택당澤堂 이식李植, 1584~1647. 그는 경기도 양평군 양동면 쌍학리에 지은 자신의 거처 이름도 택풍당澤風堂으로 지었다. 28번째 괘인 택풍대과澤風大過 괘에서 자신의 호와 택호宅號를 따왔다. 위에는 연못이 있고 아래에는 바람이 있다. 택풍대과 괘의 내용 중 내가 새겨듣는 문구가 있다. '독립불구獨立不懼 돈세무민遯世無悶'이 그것이다. 홀로 있어도 두려움이 없어야 한다는데, 나는 혼자 있으면 두려움만 생기니 이 어쩐 일인가!

진보 진영의 스승이자 통찰력 있는 문장을 구사하는 신영복 선생은 '석과불식碩果不食'을 좋아한다. 큰 과일은 먹지 말아야 한다는 의미다. 23번째 괘인 산지박山地剝에 나오는 문구다. 감나무의 까치밥이 큰 과일이다. 다음 세대를 위한 배려를 상징한다.

이렇듯 주역은 인생을 압축하고 있다.

겸암정사謙庵精舍, 진정한 겸손에 도달하다

철학자 스피노자는 겸손을 냉소적으로 정의한 바 있다. '겸손이란 야심가의 위선이거나 아니면 노예근성의 비굴함이다'. 대개의 겸손은 처세 수단인 경우가 많다. 속마음은 겸손하고 싶지 않은데 겉으로만 겸손한 체하는 것이다. '겉겸손'은 처세 수단 상위에 랭크되기 때문이다.

갑甲의 위선도 아니고 을乙이 취하기 쉬운 비굴함도 아닌 겸손은 어떤 것인가? 《주역》의 64괘 가운데 15번째 괘가 '지산겸 괘'다. 겸손함을 상징한다. 땅 밑에 산이 자리 잡은 형상이다. 산이 땅 위에 우뚝 솟아 있는 게 아니라 땅 밑에 자리 잡고 있는 형상을 동양에서는 겸손의 원형으로 생각하였다.

이러한 겸괘 형상에 부합하는 조선의 건축물이 겸암정사謙庵

精舍다. 겸암 류운룡이 학문을 닦고 제자를 양성하던 공간이다. 겸암정사는 경상북도 안동 하회마을 앞의 강 건너 부용대芙蓉臺 절벽 옆쪽에 있는데, 그 터를 잡은 위치가 흥미롭다. 보통 사람 같았으면 그 터를 부용대 꼭대기쯤에 잡았을 가능성이 높다. 사방이 툭 터져서 전망이 훨씬 시원하기 때문이다. 그런데 부용대 위쪽을 피한 아래쪽일뿐더러, 부용대 바로 밑도 아니고 왼쪽으로 한참 이동해 후미진 지점에다가 자리를 잡았다. 어떻게 보면 어중간한 위치다. 강 건너 하회마을에서 보았을 때도 쉽게 눈에 띄지 않는다.

왜 이렇게 어중간한 지점에 겸암정사를 지었을까? 나는 이 터 잡기에 겸암 류운룡의 철학이 숨어 있다고 생각한다. '겸암'이라는 호는 스승인 퇴계로부터 받았다. 스승이 이런 호를 준 이유는 제자가 이미 겸손한 성품을 가졌기 때문일 수도 있고, 아니면 제자의 기질이 꼿꼿하고 자칫 건방져 보일 만큼 직언하는 성격이었기 때문에 경계하라는 의미였을 수도 있다. 아마도 류운룡은 후자의 돌직구 스타일에 가깝지 않았을까?

류운룡은 스승으로부터 받은 겸암의 의미에 딱 부합되는 겸손한 공부 터를 항상 염두에 두었을 것이다. 겸암정사 터가 바로 그러한 곳이 아닌가 싶다. 진정한 겸손에 도달하기 위해 우리 조상이 얼마나 노력했는지 짐작할 수 있다.

지능이란 무엇인가?

내가 생각하는 지능은 여섯 가지 분야로 나뉜다.

첫째 분야는 암기력이다. 책을 한번 보면 외워버리는 머리가 있다. 이를 일러 '일람첩기一覽輒記'라고 하였다. 첩輒은 '문득 첩' 자다. 암기력이 뛰어난 사람이 시험을 보면 우수한 성적을 낸다. 지능의 기본은 암기력이 아닐까 싶다.

둘째는 분석력이다. 혼란스러운 정보들이 섞여 있는 상황에서 무엇이 핵심인지 가려내는 능력이다. 애매한 상황에서 무엇이 자기에게 유리한지 동물적으로 아는 사람들이 그렇다. 분석력을 가장 단적으로 보여주는 사례가 인터넷 검색 장치다. 인터넷에 검색어를 넣고 엔터키를 누르면 정보가 줄줄이 나온다.

셋째는 추리력이다. 추리에는 분석도 어느 정도 들어가 있기는 하다. 법정 드라마를 보면 추리 싸움이다. 범죄 사건 수사에서도 추리력이 중요한 키가 된다. 추리를 해내는 과정은 인간에게 커다란 지적 쾌감을 준다. 추리소설이 인기 있는 이유다.

넷째는 직관이다. 감感이라고도 한다. 김영삼 전 대통령에게 "정치는 무엇으로 하느냐?"고 물었을 때 "나는 감으로 한다"는 대답이 돌아온 적이 있다. 분석과 추리가 다가갈 수 없는 어떤 영역에 직관과 감이 있다고 그동안 여겨왔는데, 얼마 전 알파고와 이세돌 대국에서 이 직관의 영역도 알고 보니 컴퓨터 계산으로 대체 가능하다는 사실이 충격을 주었다.

다섯째는 접신接神 능력이다. 계시啓示라고 표현할 수도 있다. 물질세계를 초월한 정신세계 내지는 신명계神明界에서 주는 정보다. 서양에서는 접신을 '채널링channeling'이라고 부른다. 접신은 저급한 차원의 무당巫堂에서부터 고급한 차원의 영적 계시에 이르기까지 그 스펙트럼이 넓다. 접신 정보도 지능에 포함시켜야 한다.

여섯째는 창의력이다. 새로운 것을 창조해 내는 지능이다. 최상위 지능 영역은 창의력이 아닌가 싶다. 화약과 나침반을 발명한 일, 증기기관과 전기를 발명한 일, 스티브 잡스가 아이폰을 만든 일이다. 윤회론輪回論에서 보자면 이러한 창조도 전생부터 쌓아온 결과물이다.

지능은 이러한 여섯 가지 분야가 뭉뚱그려져 있다. 알파고는 넷째 직관의 영역까지 쫓아온 것 같다.

신과 통하는 힘

스마트폰은 신통력神通力이다. 신神과 통通하는 힘[力]을 도구로 만들어낸 것이다. 손가락을 화면에 그저 갖다 대면 또 다른 세계와 곧바로 연결된다. 어떻게 보면 스마트폰은 접신기接神機다. 정신세계와 교통하는 초능력자들의 능력을 물질화한 스티브 잡스야말로 21세기의 도사道士이자 예언자다.

잡스의 영적靈的 계보는 어떻게 되는가? 내가 보기에 잡스는 인도의 도사인 요가난다Yogananda, 1893~1952의 제자다. 잡스는 요가난다가 저술한《요기의 자서전》을 청년 시절부터 읽기 시작하여 췌장암으로 죽음의 문턱에 이를 때까지 수십 번 탐독하였다. 그가 아이패드에 다운로드해 놓은 유일한 책이 바로 이 자서전이었다고 한다.

요가난다는 요가를 전문적으로 수행하는 요기Yogi로, 들숨과 날숨의 조절을 통하여 신神과의 합일合一을 추구하는 크리야 요가Kriya Yoga 문파였다. 그는 공부가 어느 단계에 도달하자 스승의 명령에 따라 미국으로 건너가 요가의 정신세계를 전파하였다.

크리야 요가는 정신세계와의 교신에 집중한다. 사람이 죽으면 어디로 가는가? 여기에 대한 답변을 크리야 요가에서는 상세하게 설명한다. 업보에 따라서 환생하는 날짜와 시간이 정해지고, 육신을 벗은 이후에 가는 영계靈界의 모습이 설명되어 있다. 육체의 죽음은 번데기 껍질을 벗고 다른 세계로 건너가는 변화라는 사실을 보여준다. 죽음을 극복하려면 죽음 너머의 세계가 있다는 것을 눈으로 확인시켜 주어야 한다.

요가난다의 스승이 육신이 죽은 이후에도 영인체靈人體의 모습으로 나타나 살아 있을 때와 똑같이 문답을 주고받은 내용이 이 자서전에 기록되어 있다. 대스승인 바바지Babaji는 육신을 유지한 채로 수백 년 동안이나 지상에 머물러 있다는 엄청난(?) 내용도 나온다. 에메랄드나 납과 은으로 된 팔찌를 차면 액운을 피할 수 있다는 이야기, 남의 물건에 손만 대면 그 물건을 사라지게 하는 이슬람 도사의 신통력 이야기도 들어 있다.

이렇게 보면 크리야 요가의 고수高手가 환생해서 스마트폰을 만들었는지도 모른다. 정신세계야말로 상상력의 원천이다.

내시경內視鏡 시대

동양에서 나침반, 화약, 종이를 처음 발명했지만 이를 가져다 가공해 재미를 본 것은 서양이다. 가져다 쓰는 쪽이 임자라는 이치를 보여준다.

그러나 안경 '렌즈'는 동양에 없었다. 유럽에서 시작됐다. 이 렌즈가 문제였다. 유럽은 렌즈를 통해 17세기 무렵부터 광학光學을 체계적으로 발전시켰다. 빛의 성질을 연구하는 분야가 광학이다. 렌즈를 통해 그동안 인간 눈으로 볼 수 없었던 거시세계와 미시세계를 볼 수 있게 된 것이다. 1608년 독일의 안경 제작자 한스 리퍼세이Hans Lippershey가 망원경을 처음 제작했고, 이 소식을 들은 갈릴레오가 재빠르게 망원경을 이용해 천문 현상을 관측한다. 1668년에는 뉴턴식 반사망원경이 만들어졌다. 빛이 입자냐 파동이냐는 현대물리학에서의 이슈도 결국 렌즈를 이용한 광학에 속한다. 동양이 서양에 과학적으로 밀리게 된 부분적인 원인도 광학과 렌즈에 있었지 않나 싶다.

렌즈는 안경을 만들었다. 늙어도 작은 글씨를 읽을 수 있게 만들었다. 안경 때문에 책 부피가 줄고 지식의 유통이 활발해졌다. 망원경이 있어 멀리 있는 세계를 눈으로 볼 수 있었다. 현미경으로는 세균을 발견할 수 있었다.

이 망원경, 현미경보다도 더 위력적인 '경鏡'이 하나 근래에 발명됐는데, 그 이름이 '내시경內視鏡'이다. 항문으로 내시경을 집어넣어 대장 전체를 진단하는 검사를 받아보니 '이제는 오장육부도 감출 수 없구나' 하는 느낌을 받았다. 내시경은 자신이 보여주고 싶지 않은 치부恥部를 들여다볼 수 있게 해준다는 데 위력이 있다. 안과 밖의 경계를 허문다.

고위직에 대한 청문회야말로 강력한 내시경 구실을 한다. 부동산 투기, 병역 면제, 탈세, 전관예우, 논문 표절 같은 치부를 전 국민에게 보여주는 사회적 내시경이 바로 청문회다. 청문회라고 하는 내시경에 장착되는 고성능 렌즈가 있다. 그 이름은 인터넷이다. 인터넷은 전 국민이 갈고 닦은 섬세하면서도 배율이 엄청난 렌즈에 해당한다. 인터넷이라는 렌즈의 주 기능은 내시內視지만, 내시를 위해 망원경·현미경 기능도 추가된다. 인터넷은 내시경의 시대를 만들어버렸다.

업경대業鏡臺와 청문회

불교 사찰에 가면 업경대業鏡臺라는 거울이 있다. 둥그런 거울 부분은 구리와 같은 금속 재질로 되어 있고, 그 거울 주변에는 나무 재질로 화염火焰 무늬가 장식되어 있다. 업경대는 대개 명부전冥府殿에 설치되어 있다. 명부전은 죽은 사람의 영혼이 가서 심판받는 곳이다. 살아생전에 그 사람이 쌓아놓은 업業, karma의 총량이 어느 정도 되는지 낱낱이 비춰보는 거울이 업경대다. 염라대왕은 거울에 나타난 그 업보에 따라 다음 생의 등급을 결정한다.

한국 사회의 청문회는 바로 업경대가 아닌가 싶다. 청문회장의 카메라는 업경대의 거울이다. 살아서는 청문회요, 죽어서는 업경대다. 숨길 수가 없다. 그동안 감추어온 온갖 선업과 악업이 모두 드러나게 되어 있다. 병역 문제, 부동산 투기 여부, 자식 문

제, 주변 인간관계, 논문 표절은 물론이고, 십몇 년 전 말과 글로 발표한 강연 내용과 칼럼도 다시 불려 나와 심판을 받는다. 좋은 업보보다는 주로 안 좋은 업보가 집중 조명을 받는다.

업경대와 청문회는 차이점이 있다. 업경대는 서민이건 귀족이건 죽으면 누구나 한 번 거쳐야 하는 거울이지만, 청문회는 우리 사회에서 그동안 잘나갔던 상류층 사람들만이 서는 특별한 거울이라는 점이다. '슈퍼 갑'으로 살아온 사람들이 살아생전에 처음 서는 업경대인 것이다.

그동안 쌓아온 슈퍼 갑의 업보를 녹여주는 해독제는 '슈퍼 을'의 처신이다. 겸손이 그것이다. 청문회장이라는 업경대 앞에서는 자신이 '슈퍼 을'의 위치라는 사실을 통찰해야 한다. 말투와 태도가 겸손하고 숙연하면 업보가 감소된다.

청문회장에 섰을 경우, 논리論理와 정리情理 중 어떤 쪽이 더 호소력이 셀까? 갑으로만 살아온 이는 자기도 모르게 오만한 태도가 몸에 밸 수 있다. 특히 그 오만함을 논리로 포장했다는 느낌을 주면 국민은 더욱 반감을 가질 가능성이 크다.

청문회장에서는 당당한 논리보다 겸손하고 숙연한 태도가 인간의 정리에 호소하는 효과가 크다. 《주역》 64괘 중 겸괘謙卦를 최고로 치는 이유가 여기 있다. 겸괘가 가장 부작용이 없는 괘이기 때문이다.

공즉시색空卽是色 화론畵論

화론畵論이란 그림에 대한 생각을 정리한 것이다. 여러 화론 가운데 나에게 가장 와닿았던 것은 명나라 말기의 문인·화가·서예가였던 동기창董其昌, 1555~1636이 〈화안畵眼〉이란 글에서 주장한 대목이다. '그림은 생기가 있어야 좋은 그림이고, 생기 있는 그림을 그리는 능력은 타고난다. 유일하게 후천적으로 보강할 수 있는 방법은 만 권의 책을 읽고 만 리를 여행하는 것이다. 그래야만 가슴에 쌓인 먼지와 탁기濁氣를 빼낼 수 있다'. '독만권서讀萬卷書'와 '행만리로行萬里路'는 화가의 철학이기도 하지만 누구에게나 해당되는 인생 공부의 지침이기도 하다. 그림도 결국 인생살이에서 나오는 것이기 때문이다.

제주도 서귀포 정방폭포 주차장에 이왈종李曰鐘 화백이 살고 있다. 서울 생활을 때려치우고 내려와 25년째 제주서 생활하는 중이다. 이왈종의 화론은 '공즉시색空卽是色'이었다. 색즉시공色卽是空은 불교 선사禪師들로부터 많이 들었지만, 공즉시색의 이치를 실감나게 보여주는 것은 이왈종의 그림이었다. 역시 화가는 색色의 전문가다. 그림을 보면서 마음이 환해지고 순간적이나마 근심걱정이 녹아났다. 꽃과 새, 물고기, TV, 자동차, 동백꽃, 노루, 골프 치는 장면을 환한 색으로 표현한 그림들이었다.

예술은 마음을 밝게 만들고 근심을 없애주는 효능이 있어야 예술이다. 특히 색이 밝으면 마음이 환해진다. 이렇게 밝은 그림을 그리려면 화가 자신은 속이 썩어야 한다. 속이 썩지 않으면 이런 그림을 못 그린다. 사랑과 증오를 섞어서 연꽃을 그리고, 후회와 이기심이 뭉쳐져서 사슴이 되고, 충돌과 분노가 만나서 나는 물고기가 되고, 오만과 욕심을 끓여서 춤이 된다고 한다.

이왈종 화백이 사는 집터도 하나의 그림이었다. 미술관 아래로 내려가면 정방폭포의 물줄기가 보인다. 정면의 야자수 너머로는 중국 진시황을 위해 불로초를 구하러 떠났던 서복徐福이 건너갔다는 태평양 푸른 바다다. 제지기오름의 둥그런 봉우리 그리고 섭섬, 오른쪽으로는 문섬, 서귀포 항구에 배들이 정박해 있는 모습과 멀리 범섬이 보인다. 미술관 뒤로는 한라산이 내려다보고 있다. 그림과 풍광이 어우러져 무릉도원을 이루었다. 왈종 왈曰 "먹고살려고 그립니다."

특별함은 평범의 것을 먹고 자란다

이상하게도 천출賤出에서 귀인貴人이 나오는 경우가 많다. 공자도 천출이고 예수도 천출이고 마호메트도 천출이다. 명나라를 세운 주원장朱元璋, 일본 전국戰國시대를 끝내고 천하를 통일한 도요토미 히데요시豊臣秀吉도 천출이었다.

서양이 한 수 접고 배우는 일본의 고급문화가 바로 다도茶道다. 다도는 일본에서 완성되었지만 그 사상적 배경을 따지고 들어가 보면 한·중·일 삼국 한자 문화권의 정신이 모두 녹아들어 있다. 일본 '와비풍侘び風' 다도 형식과 철학을 정립한 인물이 또한 천출인 다케노 조오武野紹鷗, 1502~1555다. 그는 소가죽을 팔던 하층민 출신이다. 일본에서 소가죽은 전국시대 사무라이의 갑옷을 만드는 데 필요한 재료였다. 다케노 조오는 소가죽 장사를 해

서 큰돈을 번 뒤 차계茶界에 들어왔다.

그는 이제까지의 크고 화려했던 차실茶室을 조그맣고 소박한 '와비풍' 차실로 바꾸는 변화를 이루어냈다. 다실의 기와지붕을 나무판자 지붕으로 바꾸었고, 네모기둥을 둥근 대나무 기둥으로, 청동 꽃병을 대나무 꽃병으로, 다실 벽도 삼나무에서 종이 벽으로, 천장 높이도 3미터에서 2미터로 바꾸었다. 다실 넓이도 수십 명이 들어가는 크기에서 네댓 명이 들어가면 맞는 다다미 4장 반 크기로 확 줄였다. 찻사발도 화려한 천목天目에서 시골스럽고 단순한 시가라키信樂로 바꾸었다. 혁명적인 변화였다. 그리고 연못과 분재, 괴석怪石을 배치한 정원을 조성하였다. 일본의 정원은 다실과 짝을 이루고 있다. 일본인들은 다실과 정원을 통해서 외롭고, 괴롭고, 시시하고, 초라한 삶을 극복하고자 한 것이다. 피비린내 나는 칼부림과 지진, 태풍, 질병에서 오는 인간사의 두려움과 괴로움, 허무함을 다실에 들어가서 달랬다고나 할까.

다케노 조오의 정신은 그의 제자인 센리큐千利休에 의해서 계승된다. 일본 다도는 '특별함은 평범의 젖을 먹고 자란다', '속된 것에서 신령스러움이 탄생한다', '아주 작은 것에서 가장 큰 것이 나온다'는 정신을 지니고 있다. 소가죽을 팔던 백정에게서 이렇게 깊이 있고 고상한 다도가 나왔다고 나에게 알려준 인물은 경남 사천에서 차를 연구해 온 정동주 선생이다.

민화民畵, 오방색과 해학의 미

서양 사람들이 볼 때 한국의 토속적인 정취가 가장 많이 배어 있는 그림은 민화民畵다. 민화는 오방색伍方色을 사용하여 그린다는 점, 해학이 들어 있다는 점이 특징이다. 궁궐의 전체 모습을 공중에서 내려다보는 각도에서 그린 〈동궐도東闕圖〉나 〈서궐도西闕圖〉를 보면 오방색의 독특한 분위기가 느껴진다. 호랑이가 담뱃대를 물고 있는 그림에서는 한국적인 해학이 이런 것이구나 감지할 수 있다.

천대받던 민화를 고급스러운 그림으로 끌어올린 인물은 삼성의 고故 이병철 회장과 대갈大喝 조자용趙子庸, 1926~2000 선생이다. 이병철은 1970년대 초에 외국 손님들에게 민화를 선물했으며, 그 뒤로 호암미술관과 신라호텔에 민화 병풍을 들여놓도록 하였다. 삼성의 신라호텔에 민화가 들어가자 힐튼과 하얏트를 비롯한 다른 특급 호텔과 내로라하는 공공기관 벽에도 민화가 걸리게 되었다.

이병철 회장이 좋아했던 민화 작가가 송규태宋圭台, 1934~다. 대갈 조자용 선생은 일찍이 미국으로 가 하버드대학교에서 건축학 석사를 마치고 1950년대 중반 귀국해 민화와 민학民學에 관심을 집중하였다. 미국에서 한국 문화의 원형原型이 얼마나 소중하고 귀한지 깨닫고, 건축가에서 민화 전문가로 공간 이동(?)을 한 것이다. 이름 모를 길거리 작가들이 그린 민화를 알아보고 이를 학문적으로 정립한 인물이 조자용이다. 조자용은 1967년에 민화를 전시하기 위한 에밀레박물관을 세우면서 낡고 해진 민화의 수리는 전적으로 송규태에게 맡겼다. 조자용의 추천으로 한옥으로 지어진 미국 대사 관저에도 송규태가 그린 민화 〈해전도海戰圖〉 병풍이 들어가게 되었다.

경북 군위 출신인 송규태는 50년 경력을 쌓으면서 한국 민화의 최고수가 되었다. 그의 대표작인 〈서궐도〉는 지금은 사라져버린 인왕산 자락 경희궁의 장중한 모습을 완벽하게 재현해 내었다는 평가를 받는다. 서울 인사동에서 그 〈서궐도〉가 전시될 때 찾아가 보았다. 송 화백은 부쟁지덕不爭之德의 심성을 지닌 호인好人 관상이었다. 마치 민화에 나오는 얼굴 같았다.

그림 한 장으로 풍파를 이기다

사람이 한번 한 생각은 바꾸기 어렵다. 죽기보다도 어려운 것이 마음을 바꾸는 일이다. 그래도 비관적인 마음을 낙관적인 마음으로 바꿔야 한다.

한번은 서울 인사동 전시회에 갔다가 한 그림을 보고 마음이 환해졌다. 때로는 그림 한 장도 세상 풍파를 이기는 힘을 준다. 통도사通度寺 원로 성파性坡 스님의 〈옻칠민화전〉이었다. 여러 가지 색깔의 석채石彩를 옻에 배합하여 우리의 전통 민화를 재해석한 그림들이 있었다.

민화 가운데 중년 남자가 해학적인 표정을 짓고 커다란 물고기의 등 위에 올라탄 그림이 눈에 띄었다. 수염도 약간 나 있고, 잠방이는 무릎 위까지 걷어 올렸다. 윗도리는 붉은색인데 역시

팔을 걷어붙인 편한 복장이다. 검은색과 붉은색의 허리띠는 바람에 펄럭인다. 선 채로 무릎을 약간 굽혔고, 두 팔은 무릎을 짚고 있다. 걱정 근심 없이 쾌활한 표정이고, 시야는 정면을 응시한다. 익살스럽게도 머리에는 나뭇잎을 하나 모자처럼 쓰고 있는데, 연꽃잎처럼 보인다. 그런데 맨발로 커다란 물고기 등 위에 올라타고 있는 모습이 특이하다. 이 물고기는 잉어다.

잉어의 등 위에 올라탄 이태백李太白은 여유 있게 물결을 헤치며 나아가고 있다. 이태백의 맨발 옆에는 술병이 2개 놓여 있다. 이 그림의 주제는 '이태백이 세속을 벗어나서 자유롭게 노니는 모습'이라고 한다. 그림에 나타난 물결은 세상 풍파를 의미한다. 커다란 잉어이므로 세상의 물결을 수월하게 제치면서 나아간다.

왜 이태백이 잉어를 타고 있는가? 잉어는 벼슬과 출세를 의미한다. '어변성룡魚變成龍'에서 '어'는 잉어에 해당한다. 용이 되기 전 단계다. 만약 이태백이 용을 타고 있으면 제왕의 의미로 변한다. 잉어를 타고 있으니까 구속을 벗어난 자유인의 상징이 된다.

이태백이 벼슬을 맨발로 누르고 있는 장면도 통쾌감을 준다. 잉어의 상징인 벼슬과 출세를 발로 밟고 있다는 것은 이것을 자유자재로 가지고 논다는 의미로 해석된다. 그 와중에도 두 병의 술이 있지 않은가!

이 그림의 원본은 경상북도 상주 남장사南長寺에 있는 벽화라고 한다. 그림 한 장도 마음을 밝게 해준다.

청어 과메기

그동안 과메기는 꽁치로 만들었다. 원래 과메기는 청어였는데 1960년대 이후 어획량이 줄면서 꽁치로 대체했다고 한다. 그런데 최근 청어가 많이 잡혀서 다시 포항, 영덕에 청어 과메기가 등장했다는 소식이다. 청어를 미역과 김에 싸서 초장에 찍어 먹으면 살맛이 난다. 조상들이 먹어왔던 오래된 음식을 먹을 때 나는 존재감을 느낀다.

과객 대접으로 유명했던 경주 최부자 집도 손님 밥상을 올릴 때 상객上客에게는 청어 한 마리를 통째로 올렸고, 보통 손님에게는 1인당 청어 반 마리를 올리는 게 관례였다. 그만큼 청어는 영남 상류층 집안에서 손님 접대에 빠뜨릴 수 없는 생선이었다.

영남 지역을 여행하면서 내가 먹어본 생선 요리를 세 가지만 꼽는다면 과메기, 문어, 고래 고기다. 서쪽 출신인 나에게 이 세 가지 경상도 요리는 낯설면서도 뒷맛이 그윽하게 남았다.

안동 사대부 집안의 문어 요리는 보통 아침 식전에 제공된다. 문어를 뜨거운 물에 데쳐 칼로 썬 다음 접시에 초장과 함께 내놓는다. 아침에 일어나 밥 먹기 전 이 데친 문어를 초장에 찍어 먹으면 입안이 한 번 헹궈지면서 묘하게 식욕이 당긴다.

고래 고기는 가끔 어부들 어망에 걸리는 밍크고래 고기가 맛있었다. 울산에 가면 항구에 고래 고기만 전문으로 하는 식당이 있다. 잘게 썬 고래 고기의 여러 부위를 초장, 참기름 등에 막 찍어 먹는 메뉴가 '막찍기'다. 고래 고기의 묘미는 육지의 쇠고기와 바다의 생선 맛을 합해 놓은 데에 있다. 생선 맛이면서도 비린내가 나지 않고 쇠고기 같다. 서해안에서 나오는 맛과는 확실히 다르다. 그 어떤 담백함이 있다.

반대로 서해안 생선 세 가지를 꼽는다면 삭힌 홍어, 민어탕, 꽃게장이다. 삭힌 홍어는 입천장이 벗겨질 정도로 삭힌 것이 약이 된다. 암모니아 가스가 함유되어 있어 내장을 청소하는 효과가 있다. 민어탕은 여름 보약이다. 민어회는 담백해 많이 먹어도 질리지 않는다. 삶의 의욕이 떨어졌을 때 먹는 생선탕이 민어탕이다. 꽃게장醬은 원초적인 깊은 맛이 난다.

그동안 꽁치만 먹었는데 청어 과메기를 반드시 먹어보고 싶다.

자리 물회

제주도 사람에게 객지에 나가 타향살이하면서 가장 생각나는 음식이 무엇이냐고 물어보니까 '자리 물회'라는 대답이 돌아왔다. 10센티미터 남짓한 자리돔을 잘게 썰어서 된장과 고추장을 넣고 물을 부어 물회로 만든 요리가 자리 물회다. 자리돔은 크기가 크지 않아서 회로 먹으면 고기 양이 많지 않다. 여러 사람이 먹기 위해서는 물회로 만들 수밖에 없다. 물을 부어놓으면 양이 많아지기 때문이다. 물회가 발달한 이유다. 6월은 자리 물회 제철이다. 제주도의 여름 음식을 대표한다.

자리돔은 제주도 어느 곳에서나 잡히지만 가장 대표적인 산지는 모슬포와 서귀포 보목리다. 모슬포는 물살이 세서 여기에서 잡히는 고기들은 육질이 좋다. 보목리는 남국南國의 온화함과 이

국적인 풍광을 지닌 곳이다. 양쪽이 차이가 있다. 모슬포에서 잡히는 자리돔은 보목리에 비해 크기가 크다. 뼈도 강하다. 모슬포에서 잡히는 큰 자리돔은 머리를 미리 칼로 다져놓아야 한다. 보목리에 비해서 잡히는 시기도 일찍 끝난다. 모슬포 앞바다에서는 방어도 잘 잡히는데, 원래 자리는 방어 미끼로 쓰기 위해서 잡기도 하였다. 보목리 자리돔은 작다. 뼈가 부드러워서 젓갈로 만들어 먹기도 좋다. 늦여름까지 잡힌다.

제주도 토박이들 말을 들어보면 자리돔은 뼈까지 씹어 먹어야 맛을 제대로 느낀다고 한다. 살만 발라 먹으면 맛을 모른다. 생선 뼛속에 맛이 들어 있다는 것을 많이 먹어본 제주 사람들은 아는 것이다.

다른 고기는 '잡으러 간다'고 표현하지만 자리를 잡으러 갈 때는 '뜨러 간다'고 말한다. 자리는 깊은 물속에 살지 않고 수면에서 서식한다는 특징이 있다. 자리가 움직이는 모습이 눈으로 보일 정도다. 그래서 자리는 보통 어선을 타고 잡는 것이 아니라 뗏목같이 생긴 '테우'를 타고 잡았다. 자리 잡는 그물은 그물코도 촘촘하다. 모슬포 수협 앞에는 그물로 자리를 효과적으로 잡는 방법을 발견한 어부의 공덕비가 서 있다고 하는데 아직 가보지 못하였다. 그 방법은 그물로 옆에서 떠 올리는 것이라고 한다. 자리 물회는 원래 된장 맛이 강했는데, 요즘은 육지 입맛에 맞추느라고 고추장과 단맛이 강화되었다.

진주냉면

진주에 강연을 갔다가 '진주냉면'이 족보가 있는 냉면이라는 사실을 알게 되었다. 양반들이 기생집에서 놀다가 밤에 야참으로 먹던 음식이 냉면이라는 것이다.

조선 시대에 냉면은 일반 서민이 쉽게 먹던 음식이 아니고 돈 있는 양반들이나 먹을 수 있는 고급 음식이었다. 우선 냉면의 면발을 뽑기가 어려웠다. 칼국수처럼 집에서 부엌칼로 대충 면발을 만드는 게 아니고 기계로 면발을 뽑아내야만 하였다. 하인리히 융커가 지은《기산, 한국의 옛그림》(1889)이라는 책에 보면 면발 뽑는 기계가 소개되어 있다. 팔소매를 걷어붙인 남자 2명이 나무 판자 사이의 홈에 메밀 반죽을 넣고 커다란 쇠 나사로 판자를 압축해 면발을 뽑는 장면이 그것이다. 조선 시대 기생학교인 권

번券番에는 아마도 이 면발 기계를 비치해 놓았을 확률이 높다.

조선 기생의 양대 메카로 '남진주, 북평양'을 꼽는다. 냉면도 평양냉면과 진주냉면이 유명하였다. 1868년 진주성에서 논개 제사[義巖別祭]를 지낼 때 모인 기생 수가 300명에 달했다고 한다. 그만큼 진주는 물산이 풍부한 고장이었다.

우선 진주는 남강이 진주성을 빙 둘러싸고 흐른다. 강물이 둥그렇게 도시를 둘러싸고 흐르면 수화기제水火旣濟, 물과 불이 균형을 이룸가 되어 인물이 많이 나오고 돈도 모인다. 군사적으로는 남강이 진주성의 해자垓字 역할을 하였다. 덕분에 임진왜란 때 1차 진주성 전투에서 승리할 수 있었다고 여겨진다. 군사 요새였으므로 기녀들이 군대에서 추는 팔금무八禁舞가 발달하였다.

거기에다가 하동, 함양, 산청, 의령의 물산이 진주에 집중되는 구조였고, 전라도의 물산도 진주로 유입되었다. '약무진주若無晉州 무호남無湖南'이라는 말도 있다. '진주가 없으면 호남도 없다'는 뜻이다. 진주는 호남으로 들어가는 입구였다. 그래서 2차 진주성 전투에서 호남 사람들이 진주에 몰려가 싸우다가 죽었던 것이다. 영호남 교류의 중심지가 진주였다.

진주는 비빔밥도 유명하다. 전라도 전주비빔밥과 함께 쌍벽을 이룬다. 이렇게 보니까 최고급 냉면과 비빔밥을 모두 보유하고 있는 도시는 진주다. 진주는 냉면부터 시작해서 할 이야기가 많은 곳이다.

연산連山의 오계烏鷄

여름 보양식으로 삼계탕과 보신탕이 있다. 인삼이 들어가는 삼계탕은 쉽게 먹기 힘든 비싼 음식이었고, 보신탕은 서민 음식이었다.

조선 후기 천주교가 박해받아 천주교인들이 산간 오지로 숨어 다닐 때 연명하던 음식이 보신탕이다. 단백질 섭취의 유일한 방법이었을 것이다. 천주교 원로 신부님들 가운데 보신탕 즐겨 드시는 분을 여러 명 봤다. 누렁개인 황구黃狗는 '여름에 걸어 다니는 산삼'이라는 말을 들었다. 보신탕은 이북이 이남보다 훨씬 발달했다. 개고기를 '단고기'라고 부르고, 보신탕을 '개장국'이라고 부른다. 이북의 방식은 개고기 육수에다가 손으로 쭉 찢은 고기를 넣고 다른 재료는 첨가하지 않는다. 이남은 여러 가지 양념을 넣지만 이북은 담백하게 먹는 스타일이다. 이북은 개장국에 조밥을 함께 먹는 것이 궁합이 맞는다고 여겼다.

삼계탕은 백제 의자왕이 좋아했다고 전해진다. 왕이 먹던 궁중 음식이라는 말이다. 닭은 양기陽氣가 강한 성질이다. 용봉탕龍鳳湯도 닭을 재료로 쓴다. 닭이 오래되면 봉황이 된다고 여겼다. 닭 가운데 유명한 닭이 충남 연산連山의 오계烏鷄다. 몸 전체가 온통 검다. 체구는 그리 크지 않다. 비상하는 능력이 일반 닭의 2~3배는 될 정도로 야생 조류에 가깝다. 논산시 연산면 화악리에서 오계 보존을 가업으로 계승해 온 이승숙 씨에 의하면 오계는 3년을 자라야 약용으로 쓸 수 있다고 한다. 5대 조부인 이형흠이 철종 임금에게 '연산 오계'를 진상한 이래로 오계 키우는 것이 집안의 전통이 됐다. 오계는 현재 천연기념물이다.

《동의보감》을 보면 오계는 골통骨痛에 좋다고 나온다. 무릎관절이나 허리 아픈 데에 좋다는 뜻이다. 연산의 지세는 계룡산鷄龍山 서쪽 자락과 이어져 있다. 닭 계鷄 자가 들어가는 이름인 계룡산은 산봉우리들의 모습이 닭 볏과 비슷하다. 그래서인지 예로부터 '계룡산 자락 30리를 벗어나면 연산 오계가 아니다'라는 말이 전해 온다. 계룡산 일대가 닭을 키우기에 적당한 풍토와 기후를 지닌 모양이다. 오계는 양기가 워낙 강해서 인삼을 쓰지 않고 차가운 성질을 지닌 황기와 더덕을 넣는다.

귀촌 4계

귀농歸農은 시골에 돌아가서 농사를 짓는 형태이고, 귀촌歸村은 농사를 짓지 않고 시골에서 한가롭게 텃밭 정도나 가꾸며 사는 삶이다. 약간 차이가 있다. 그동안 귀촌자들의 시행착오를 지켜보면서 몇 가지 결론이 나왔다.

첫째는 한 달 생활비 100만 원이다. 100만 원 이내로 씀씀이를 줄여야 한다. 경조사비를 줄이는 게 어렵다. 인간 도리를 못하고 산다는 자책감에서 벗어나야 한다. 경조사비를 챙기다 보면 귀촌 생활이 어렵다. 또 하나는 대학 등록금이다. 이게 가장 어려운 부분이다. 도회지 대학에 자식을 보내야 하는 일 때문에 많은 귀촌 희망자가 전원으로 돌아가려는 결단을 못 내리고 있다. 등록금과 월세를 대려면 시골에서 돈을 벌어야 하고, 돈을 벌기 위해서는 뼈 빠지게 헐떡거리고 살아야 하기 때문에 귀촌의 즐거움을 모른다. 자식 대학 보내는 일이 귀촌의 최대 장애물이다.

둘째는 귀촌해서 처음 2년 동안은 백수로 지낼 필요가 있다는 점이다. 2년은 무조건 놀면서 지형지물과 현지 인간관계, 날씨 변화 등을 관찰해야 한다. 가자마자 무엇을 시작하면 대개 실패한다. 자기에게 맞는 생활양식이 무엇인지를 파악하는 데 2년은 걸린다. 이 기간을 초조하게 여기면 안 된다. 겉으로 보기에는 빈둥빈둥 노는 것 같지만 실제로는 현지 적응 기간에 해당한다.

셋째는 집을 작게 지어야 한다. 시골에 내려가자마자 집부터 크게 지으면 십중팔구 후회한다. 저 푸른 초원 위에 그림 같은 집을 지으려고 하는 마음을 다독거려야 한다. 대개 욕심을 낸다. 기왕 짓는 바에 제대로 짓자고 생각하면 이건 '오버'다. 집 짓는다고 돈만 몽땅 들어가고 나중에는 처치 곤란이 된다. 15~20평(약 50~66제곱미터) 정도 크기가 이상적이다. 도시로 다시 되돌아갈 경우에도 정리하기가 쉽다. 기존 시골집을 구입해 리모델링해서 몇 년 살아본 다음 집을 새로 짓는 것이 순서다.

넷째는 네트워킹이다. 같은 생각을 하는 귀촌자들끼리의 네트워크 확보가 중요하다. 한 달에 한두 번씩은 다른 지역에 사는 귀촌자들 집을 방문해 같이 놀 필요가 있다. 맛있는 음식도 같이 해먹고 음악도 같이 듣는다. 이상이 '귀촌 4계'다.

장작불을 신령 삼아

장성 산속의 황토집(휴휴산방休休山房)에서 살아보니까 한 달에 100만 원이면 생활이 가능하다. 돈을 쓸 일이 별로 없다. 여차하면 도시의 아파트를 팔아서 들어오겠다고 다짐한다. 그 돈이면 30년은 충분히 산다. 그거 떨어지면 굶어서 죽자! 오장육부를 비우고 죽는 게 가장 깨끗한 죽음이다.

눈이 오는 엄동설한에는 장작이 산신령이다. 구들장만 따뜻하면 사는 거 아닌가! 산동네를 돌아다니다가 장작이 담벼락에 차곡차곡 쌓여 있는 집들을 보면 부러워진다. '집주인이 참 부지런하구나. 저 집 부자구나!' 장작은 산골 생활에서 성실성의 척도(?)기도 하다.

장작은 근심·걱정을 없애주는 치료제로서도 중요하다. 아궁이에서 군불을 때면 이상하게도 근심이 줄어든다. 환하게 타는 불이 주는 묘한 효과다. 마음이 밝아진다. 걱정과 분노를 불덩이에 자꾸 던진다. 어두운 그늘이 사라진다. 왜 배화교를 믿었는지 알 것 같다. 장작불을 때면 우선 눈으로 불을 본다. 시각적 효과가 있다. 구석기시대 컴컴한 동굴 속에서 거주할 때는 이 불을 본다는 것 자체가 굉장한 안도감을 주었을 것이다.

불은 또한 따뜻함을 준다. 아궁이 불 앞에 쪼그려 앉아 있으면 마치 비에 젖은 축축한 옷을 다림질하는 것과 같이 마음이 펴진다. 장작 타는 냄새도 기가 막히다. 이 냄새는 왜 인간을 이다지도 편하게 해주는 것인가? 소나무 타는 냄새가 다르고, 편백나무 타는 냄새가 다르고, 참나무도 다르다. 외로우면 소나무를 태우고, 심심하면 편백을 태우고, 친구가 오면 참나무를 태운다. 손님이 오면 최고의 대접이 허벅지 두께의 참나무를 아궁이에 잔뜩 집어넣고 온돌방을 뜨겁게 달구는 일이다.

밥해 먹기는 싫은데 배가 고프면 산방 뒷산에 있는 민박집 '휴림'으로 고개를 넘어간다. 거기 가면 장작도 많고 밥도 있다. 집주인인 변 선생이 잘 끓이는 된장국을 얻어먹으면 속이 편하다. 오르막 내리막 1시간 반이 걸리는 산길이다. 겨울밤의 춥고 적막한 산길이지만 마침 달이 떠 있어서 친구가 따라오는 것 같다. 홀로 산길을 걸으면서 생각한다. '지금까지 여러 번의 고비를 넘기며 안 죽고 살아 있으니 이만하면 된 거 아닌가!'

병을 치료하는 보석

여행의 깊은 맛을 보려면 그 지역의 독특한 인물을 만나야 한다. 나는 이상하게도 이국의 낯선 길을 걷다가 신비한 인물을 만나는 경험을 여러 번 한 적이 있다.

2000년에 중앙아시아 키르기스스탄 지역의 천산天山 산맥을 여행하다가 산동네에서 사람을 한 명 만났는데, 하필 그 사람은 주술사呪術師였다. 주문을 외워 병을 치료하고 앞일을 예언해 주는 50대 중반의 여자 도사였다. 이야기를 나눠보니 상당한 내공을 갖춘 도사였는데, 내게 "당신은 보석 중에서도 특히 녹색(연두색) 보석을 지니고 있으면 좋다"는 예언을 해주었다.

한국에 돌아온 뒤에도 '왜 녹색 보석이란 말인가?' 하는 의문을 품었다. 몇 년 뒤에 깨달았는데, 녹색 보석은 인체의 간장肝臟

하고 연관이 된다는 사실이었다. 오행 사상에서 볼 때 오장伍臟은 각기 상징하는 색깔이 다르다. 간장은 동방의 목木이고 녹색에 해당한다. 심장은 남방의 붉은색, 폐장은 서방의 흰색, 신장은 북방의 검은색, 위장은 중앙의 황색이다. 원고를 많이 쓰다 보면 간장의 기운을 많이 소모할 수 있다. 보완책으로 녹색 보석을 지니고 있으면 간장의 기운을 채워줄 수 있다는 것이 오행적 사고방식이다. 주술적 사유 방식이라고나 할까.

보석은 암석의 정수精髓다. 그러므로 기가 함축되어 있다고 본다. 에메랄드, 비취, 옥, 페리도트가 녹색 보석에 해당된다. 동양에서 좋아하는 붉은색 보석은 산호다. 산호는 붉은색을 최고로 친다. 청나라 말기의 홍정상인紅頂商人 호설암胡雪巖. 그는 상인이었음에도 불구하고 국가에 대한 공로를 인정받아 정2품의 벼슬을 정식으로 하사받았다. 그 벼슬의 상징이 바로 붉은색 산호가 박힌 모자였기 때문에 '홍정상인'으로 불렸다. 붉은 산호는 심장도 보완하지만, 귀신을 쫓는 벽사辟邪 효과도 있다고 믿었다.

주술적 관점에서 보면 호박琥珀은 황색이므로 위장과 관련이 있고, 오닉스는 검정색이므로 신장, 진주는 폐장이다. 유럽 보석계에 알려진 주얼리 아티스트 최우현 선생에 의하면 서양 보석사에도 병을 치료할 때 보석을 사용했다는 이야기가 많이 나온다고 한다.

남자의 불로장생

정액을 위로 끌어 올려서 뇌를 보강한다. 남자가 불로장생不老長生하는 비결이다. 진시황은 불로초를 구하기 위하여 서복을 동해로 파견했다. 당나라 황실은 수은과 납을 조제하여 만든 단약丹藥을 복용했다. 약으로 승부를 보겠다는 노선이었다. 결과는 수은중독이라는 실패로 끝났다.

현대에 들어와서는 '줄기세포'가 이 계보를 잇고 있다. '안티에이징'이야말로 최고의 의학 아니겠는가. 나 같은 채담가採談家의 구미를 가장 돋우는 이야기는 '환정보뇌還精補腦'다. 요가 고단자인 화경話鏡 선생은 그 방법으로 머리 서기, 쟁기 자세, 코브라 자세를 설명했다. 머리 서기와 쟁기 자세는 거꾸로 서는 자세다. 정액을 머리로 보내는 직접적인 동작이다. 코브라 자세는 엎드려서 양팔로 바닥을 짚고 머리와 상체를 들어 올리는 자세인데, 이 자세를 하면 꼬리뼈 근처에 모여 있는 정액을 화롯불로 끓이는 효과가 난다. 정액을 끓이면 기화氣化한다. 물이 불로 변하는 셈이다. 불은 위로 올라가는 속성이 있다. 정액이 불로 변하여 올라갈 때 오목가슴 밑에 있는 세 번째 차크라인 '마니푸라 차크라'를 통과한다. 마니푸라를 통과할 때 정액이 기체로 변한다고 한다. 기체로 변한 정액은 상단전인 뇌로 올라간다. 양쪽 눈썹 사이인 미간(아즈나)과 뒤통수에 해당하는 부위인 빈두, 그리고 머리 꼭대기인 사하스라 차크라가 만나 삼각형을 이루는 지점에 기화된 정액이 쌓인다. 이것이 도가에서 말하는 환정보뇌의 양생법이다.

환정보뇌를 하면 몸에 활력이 충만하고 마음에 평화스러운 상태가 유지된다. 상징적으로도 일리가 있다. 남자가 젊은 시절 정력을 탕진하면 기가 고갈되어 노후 건강을 망친다. 참고로, 환정보뇌에 효과가 좋은 코브라 동작으로 몸을 뒤로 젖히는 후굴後屈 자세를 권한다. 이 자세는 여자에게도 좋아서, 많이 하면 자신감이 생기고 우울증이 사라진다. 심장도 좋아지고 대장도 좋아진다. 나이를 먹으면 자세가 앞으로 굽는다. 뒤로 젖히는 후굴 자세는 이를 치료한다. 후굴은 양생법의 요체다.

부동심不動心을 기르는 자세

국립중앙박물관에 전시된 한국과 일본의 반가사유상半跏思惟像을 보면서 다리 위치를 유심히 살폈다. 왼쪽 다리를 무릎에 올려놓았는지, 아니면 오른쪽 다리를 올려놓았는지다. 어떤 쪽 다리를 무릎에 먼저 놓느냐에 따라 인체의 에너지 흐름이 달라진다고 보기 때문이다. 한·일 반가사유상 모두 공통적으로 오른쪽 다리를 왼쪽 무릎에 올려놓은 자세다.

앉은 자세는 결가부좌結跏趺坐와 반가부좌半跏趺坐가 있다. 결가부좌는 책상다리를 하고 앉을 때 양쪽 다리를 X자로 겹쳐서 앉는 자세다. 가跏는 발바닥을 의미하고, 부趺는 발등을 가리킨다. '파드마아사나', 즉 연화좌蓮華坐라고 부른다. 이 자세를 하면 흔들리지 않는 부동심不動心이 길러진다. 마음이 찢어지는 고통,

공포가 몰아닥칠 때 이 결가부좌를 2~3시간 정도 유지하고 있으면 마음이 차분해지면서 평정심을 찾는다고 한다. 그래서 대부분 불상佛像은 이 '결가부좌' 자세로 조성되어 있다. 문제는 30분 이상 하기가 어렵다는 점이다. 쥐가 나기 때문이다. 자꾸 연습을 해서 적어도 1시간은 넘겨야 한다.

왼발은 지성知性을 상징하고, 오른발은 행위行爲를 상징한다. 지성은 '이론'이고 행위는 '실천'에 해당한다. 왼발을 오른쪽 무릎에 먼저 얹고 그다음에 오른발을 왼발 위에 놓으면 지성을 강화하고 행위를 억압하는 자세가 된다. 이론에 강하고 실천에 약한 셈이다. 위에 올라가는 발이 억압을 받기 때문이다. 반대로 오른발을 먼저 올리고 왼발을 그 위에다 놓으면 행위를 강화하고 지성을 억압하는 자세가 된다. 활동력이 좋고 신체가 발달한 육체파들은 이 자세가 상대적으로 쉽게 된다. 선가禪家는 왼발 먼저 올리는 경향이 있고, 요가는 오른발 먼저 올린다. 나는 왼발 먼저 올리는 것이 쉽다. 그래서 반대쪽인 오른발 먼저 올리는 자세를 많이 연습하는 중이다.

반가사유상은 오른발을 왼쪽 무릎에 올려놓은 반가좌로 되어 있다. 오른발을 올려놓았다는 것은 오른발을 압박한다는 의미다. 반가사유상에서 행위(실천)보다는 지성(이론)을 강화한다는 의미를 읽어낼 수 있다. 사유상思惟像이라는 이름에 맞는 자세다.

재관인財官印의 삼박자

재물[財], 벼슬[官], 학력[印] 3박자를 갖추면 상팔자다. 마치 국·영·수처럼 3과목이 골고루 80점 이상 나오는 게 좋다. 만약 국어는 95점인데 수학은 50점이면 기복이 심한 팔자에 해당한다.

재관인은 상생 관계이면서 한편으로는 상극 관계라는 점을 눈여겨볼 필요가 있다. 재물이 많으면 벼슬을 살 수 있다. 재생관財生官이다. 지금은 국회의원 선거 비용이 줄어들었지만, 과거에는 돈이 있는 사람들이 돈을 써서 금배지를 다는 경우도 있었다. 돈으로 벼슬을 사는 것이다. 재벌 기업이 퇴직한 고위 관료들을 자기 회사에 고용하는 경우도 여기에 해당한다. 조선 시대에는 정승·판서를 하다가 그만두면 고향으로 내려가 후학을 양성하였지만, 요즘에는 서울에 계속 남아서 노후를 대비해야 한다. 100세

시대에는 환갑이 넘어서도 계속 돈을 벌어야 하므로 재벌 기업에 고개를 숙이고 다시 취직을 해야 한다. 모든 벼슬은 재벌 밑에 모이게 되어 있다.

한편 학력이 너무 높으면 재물을 파괴하는 경우가 생긴다. '인수파재印綬破財'라고 한다. 가방끈印綬이 너무 길면 사업을 못한다. 따지는 게 많고, 차가운 경우가 많기 때문이다. 창업자는 학력이 중퇴자이고 그 밑에 있는 참모는 학력이 높아야 궁합이 맞다.

반대로 '탐재괴인貪財壞印'도 있다. 학자가 재물을 욕심내면 학문이 어그러진다는 뜻이다. 언론사 논객論客이 재물에 욕심을 내면 붓끝이 차츰 무디어진다. 마치 유리에 한번 금이 가버리면 봉합이 안 되는 이치와 같다. 팔자에 인수가 너무 많아도 문제가 생긴다. 나무가 너무 울창하면 숲이 어둡다. 전기톱으로 간벌間伐을 해주어야 바람이 들어간다.

부모가 고학력일수록 캥거루족 자녀 때문에 등골이 더 휜다는 통계가 있다. 고학력 60대 이상 35퍼센트가 자녀를 봉양(?)하며 산다고 한다. 인수는 부모에 해당한다. 부모가 고학력이고 자식이 편하게 크면 재물을 쟁취하는 힘이 약해진다. 한국 사회는 지금 인수(학력) 과잉 상태다. 나무가 너무 울창하다고나 할까. 간벌을 해야 한다. 명리학의 관점에서 보자면 고등학교만 졸업하고 취업 전선에 보내거나, 자식을 3명 이상 낳는 방법이 간벌이다. 쉽지 않다.

물에 대한 생각

고대 사유 체계에서는 물이 하늘에도 있고 땅에도 있고 사람에게도 있다고 여겼다.

하늘 어디에 물이 있다는 말인가? 은하수銀河水에 있다. 은하수에 있는 물을 지상으로 보내주는 역할은 북두칠성北斗七星이 담당하였다. 북두칠성은 국자 모양으로 생겼다. 이 국자로 은하수를 퍼 담아서 지상에 내려준다. 사람들은 북두칠성을 하늘의 물을 지상으로 퍼주는 신으로 받아들였다. 그래서 예로부터 명줄을 짧게 타고난 사람은 칠성신七星神에게 기도를 드렸다. 생명수를 더 달라는 기도였다. 명줄을 이어달라는 것이다.

물은 땅에도 있다. 도선국사道詵國師는 한반도 지세를 '수모목간水母木幹'으로 설명하였다. 북쪽 물을 어머니로 삼아서 그 아들인 목木이 동쪽으로 뻗어 내려온 형국이라고 보았다. 북쪽 물이 어디인가? 내가 보기에는 백두산 천지天池가 아닌가 싶다. 백두산 천지를 백두대간의 조종祖宗으로 여겼다. 백두대간의 등줄기가 동쪽으로 내려왔기 때문에 한반도는 동고서저東高西低다. 강물이 동쪽에서 서쪽으로 흐른다. 이북의 임진강, 예성강, 청천강, 대동강도 그렇고, 이남의 한강, 금강, 만경강, 영산강도 서쪽으로 흐른다. 비가 오면 2~3일 만에 강물이 모두 서해로 빠져버리는 단점이 있다. 강물이 오래 머무르지 못하고 빨리 빠져버리면 기운도 덩달아 같이 빠져버린다는 것이 풍수가風水家의 정설이다. 몇 년 전 충청도와 중부권이 심각한 가뭄을 겪었다. 서해로 흘러버리는 강물을 어떻게 오래 가두어둘 수 있을지 국가적 차원에서 연구할 필요가 있다.

물은 사람에게도 있다. 오장육부 중에서는 신장腎臟에 물이 담겨 있다고 간주한다. 남자의 신장에 담겨 있는 물은 섹스를 통해서 방출된다. 정액 방출이다. 여자의 물은 피血다. 남정여혈男精女血이 뭉쳐서 생명이 잉태된다. 과도한 섹스를 하게 되면 신장의 정액이 고갈되고, 물이 고갈되면 가뭄이 들어버린다. 가뭄이 들면 창의력과 판단력이 말라버린다고 보는 것이 동양의 양생 사상이다. 남자나 여자나 물이 많은 사람이 섹시하다. 그래서 물을 상징하는 숫자는 1이다.

꿈과 해몽

"꿈보다 해몽이 어렵다." 영발靈發의 대가였던 통일교의 고 문선명 총재가 생전에 나와의 인터뷰에서 한 말인데, 시간이 지날수록 이 말에서 씹는 맛이 난다. 종교 단체를 이끌었던 교주도 해몽이 어렵다는데, 하물며 보통 사람은 꿈의 해석이 쉽지 않은 게 당연한 일이다.

꿈은 다차원적 정보가 압축되어 하나의 장면으로 나타난다. 일전에 지인의 전원주택 집터를 구경하기 위하여 강원도 홍천군 동면의 '맞바위'라는 동네에 갔다. 연두색 신록이 솟아난 봄 산을 구경하는 것은 삶의 기쁨이다. 이것도 모르면 사는 게 아니다. 선인들은 그 기쁨을 〈춘산채지가春山採芝歌〉로 노래하곤 하였다. 그런데 동네에 들어서면서 맞바위라고 하는 동네 이름이 내 시선을

끌었다. '이름 참 희한하다. 어떤 바위가 있기에?'

지명에는 여러 가지 함축적인 정보가 담겨 있기 때문에 어느 지역을 답사할 때는 반드시 그 지명의 한자 뜻과 의미를 뜯어보는 습관이 있다. 마침 집터 옆에 동봉사라고 하는 조그만 절이 있었고, 72세의 동청東淸 스님에게 50년 가까이 여기에서 살게 된 사연을 들었다.

"내가 20세 때인 1964년에 꿈을 꾸었어요. 꿈에 수염이 하얀 할아버지가 나타나 동백나무 가지로 내 이마를 툭 치면서 '여기로 가거라' 하는 거야. 다음 날에는 머리가 허연 할머니가 나타나 역시 동백나무로 이마를 치면서 '여기로 가거라' 하는 꿈을 꾸었지. 이게 도대체 무슨 꿈인가. 어디로 가라는 이야기인가?"

궁리를 거듭했지만 해몽이 어려웠는데, 마침 영대靈臺, 영혼·무의식가 밝았던 외할아버지가 해석해 주었다.

"수염이 허연 노인은 산신령이다. 할머니는 여산신女山神이니 약수터를 상징한다. 동백나무는 동쪽으로 가라는 뜻이다. 동백나무가 두 번 나왔으니 지금 살고 있는 춘천에서 동쪽으로 두 번 가라는 것이고, 이마를 때렸으니 '마박(빡)'이라는 의미다. 춘천 동쪽에 있는 홍천으로 가서 그와 유사한 지명을 찾아보아라."

그 해몽을 듣고 홍천의 동면에 오니까 과연 신기하게도 맞바위라는 동네 이름이 있었고, 영검한 약수터가 있었다. 마빡이 맞바위였던 것이다.

만지고 접촉해야 아는 것

'학이지지學而知之', '곤이지지困而知之'가 있지만 살아보니까 '촉이지지觸而知之'도 있다. 촉이지지는 손으로 만져보고 몸으로 접촉해봐야 안다는 뜻이다. 목가구가 바로 촉이지지의 대상이다. 앉은뱅이책상, 간이 의자, 문갑, 차와 찻잔을 넣어놓는 다장茶欌은 손으로 자꾸 만져볼수록 정이 든다. 나무와 인간의 피부는 접촉할수록 친근해진다. 인간의 호흡과 숨결을 다 받아들이기 때문이다. 그래서 목가구가 방 안에 있으면 의식이 외부로 향하지 않고 자꾸 안으로 향한다. 이만하면 됐다는 안도감이 든다.

목가구도 수백 년 된 골동이 있고, 요즘 장인이 새로 만든 것도 있다. 각기 장점이 다르다. 묵은 맛과 새 맛, 묵은 김치와 겉절이의 차이라고나 할까. 나의 취향은 묵은 김치와 겉절이를 합친

맛이다. 그러나 경륜과 패기를 겸비하기가 어디 쉬운 일인가. 목가구도 세월의 깊이와 현대적 실용을 통합한 스타일은 없을까?

소목장 고재古才 김현준의 작품이 이 두 가지 상반된 욕구를 만족시켜 주었다. 목재는 100년이 넘은 골동 재료를 사용하면서도 디자인은 실용적이었기 때문이다.

조선 후기 서울·경기 지역의 부자 양반집은 한옥을 지을 때 춘양목을 사용하였다. 춘양목은 최고의 소나무다. 특히 송진이 많이 들어 있어서 세월이 흘러도 잘 썩지 않는다. 그래서 비쌌다. 경기 지역의 200~300년 된 부잣집 한옥을 해체할 때 나온 춘양목 대들보와 기둥은 지금도 튼튼하다.

제주도에서도 고재古材가 나온다. 굴무기와 사오기가 그것이다. 굴무기는 제주의 느티나무를 가리키는 제주도 사람의 표현이다. 사오기는 벚나무, 배나무를 지칭한다. 아주 단단한 재질이다. 제주의 특수한 토양과 풍파를 수백 년간 견디며 자란 사오기는 초가집의 마루나 부엌 문짝으로 사용되었다.

김현준은 서울 부잣집 기둥에서 나온 춘양목과 남쪽 섬 제주도에서 풍파를 견디고 살아남은 사오기를 조합해서 책상을 만들고 다장을 만들었다. 그 조합을 보노라면 마치 부자富者와 빈자貧者의 혼백魂魄이 서로 사이좋게 얽혀 있다는 느낌을 받는다.

세방낙조細方落照로 원한을 씻다

세상 살면서 원怨과 한恨이 쌓인다. 성공보다는 좌절이, 합격보다는 낙방이, 믿음보다는 배반이 원한을 쌓는다. 유전有錢과 무전無錢의 분별에 의한 원한도 세월이 갈수록 쌓여간다. 비행기 마일리지는 쌓일수록 유용하지만, 시루떡처럼 쌓인 인생의 업은 풀기가 어렵다.

나에게 효과가 있었던 방법은 해와 달을 보는 것이었다. 석양夕陽과 월출月出을 보면 원한이 조금 사라진다. 석양과 월출은 절대적 풍광이다. 수백만 년 전부터 인간이 보아온 풍경 가운데 가장 장엄한 풍경이 저녁에 해가 지는 모습과 밤에 둥그런 달이 떠오르는 모습 아닐까. 인간의 모든 업보는 상대적인 것이다. 원래 있던 것이 아닌 살다가 중간에 생긴 것은 모두 상대적인 것이

다. 상대적인 원한은 절대적인 풍광 앞에 서면 왜소해진다. 짝퉁은 진품 앞에 서면 빛을 잃기 마련이다.

그래서 나는 낙조와 월출을 보러 전국 이곳저곳을 헤매고 다녔다. 진도에 가면 낙조가 유명하다. 이름하여 '세방낙조'다. 원한병怨恨病 치료에 효과가 있다. 동석산에서 내려온 바위 언덕에 올라서서 바다를 바라보면 수십 개 섬이 포진해 있다. 불도, 혈도, 주지도(손가락섬), 양덕도(발가락섬), 광대도(사자섬) 등등의 섬들이 올망졸망 바다에 떠 있다. 섬 꼭대기에 우뚝 서 있는 바위 형상이 엄지손가락처럼 생겼다고 해서 붙여진 이름이 손가락섬이다. 그냥 뻥 뚫린 바다보다도 이렇게 앞에 섬이 많이 있어야만 낙조 감상하는 맛이 난다. 관객이 있고 없고의 차이다. 대개는 사람이 살지 않는 무인도들이다. 석양의 색깔도 시시각각 변한다. 누런색이었다가 주황색이었다가 수평선 너머로 해가 넘어갈 때는 진한 주홍색이 된다. 이 주홍색 바다 앞에 서면 인간사 모든 것이 부질없다.

바다는 석양의 색깔을 받아들이는 화면과 같다. 이 대자연의 장엄한 화면이 인간을 매료한다. 호수같이 조용하고 잔잔하다. 썰물 때가 되면 물살이 바다 밑 암초를 피해 가며 강물처럼 흘러간다. 진도의 세방낙조는 분노를 삭여주고 실패를 보듬어주는 절대적인 풍광이 아닌가 싶다. 낙조는 신의 자비다.

칠불사七佛寺 아자방亞字房에 안기다

이 세상에 오면 아무리 용을 써도 세파를 피해 갈 수 없다. 세파는 칼바람, 모래바람으로 오기도 하고 감방, 부도, 이혼, 암으로 오기도 한다.

세파에 시달릴 때마다 나를 포근하게 안아준 곳은 지리산이다. 지리산은 둘레가 500리나 되기 때문에 봉우리와 골짜기도 많고 숨어 살 곳도 많다. 만학천봉萬壑千峰 운심처雲深處. 그 지리산 골짜기 깊은 곳에 자리 잡은 절이 칠불사七佛寺다. 그 옛날 가야국 왕자 7명이 여기에 와서 도를 닦고 모두 부처가 되었다고 해서 붙여진 이름이다. 처음에 이 7명은 김해 장유에서 수도하다가 합천 가야산으로 옮겼고, 다시 창녕 화왕산 그리고 와룡산에서 공부하다가 마지막에 칠불사 터로 왔다. 공부도 자기하고 맞는 터

亞字房
아자방 보는곳
來自金官集

가 있는 것 같다. 아들 7명이 왕궁을 떠나 깊은 산에 가서 도를 닦으니 부모 심정이 어찌 보고 싶지 않았겠는가! 아버지인 김수로왕이 아들들을 보기 위해서 절 근처에 머물렀던 동네 이름이 지금도 남아 있다. 범왕리梵王里다. 어머니인 허왕후가 자식들 보기 위해 머물렀던 마을 이름은 절 아래의 대비大妃마을이다.

도가에서는 지리산 전체를 청학靑鶴과 백학白鶴으로 보지만, 불가에서는 지리산 주봉을 반야봉으로 보고 반야봉을 문수보살이 앉아 있는 모습으로 본다. 그 반야봉 줄기가 내려오는 700미터 높이에 칠불사가 자리 잡고 있다. 주변 산세에 날카롭고 험한 바위 절벽은 보이지 않는다. 부드럽고 두꺼운 육봉肉峰들로 둘러싸여 있다. 쇠붙이가 안 보이는 고요와 평화의 터다. 2천 년 전에 가야국의 옥보고 신선이 이 터에서 가야금을 타고 거처로 삼았던 이유를 알겠다.

칠불사 경내의 백호 자락 끝에는 그 유명한 아자방亞字房이 자리 잡고 있다. 방 형태가 '아亞' 자 모양으로 생겼다. 아궁이에 한번 불을 때면 100일 동안 온기가 유지되었다는 전설적인 온돌방이다. 신라 효공왕 때 구들도사인 담공선사曇空禪師가 만들었다고 하는데, 어떻게 100일이나 따뜻했을까? 우리나라 '아궁亞宮이'라는 말의 기원은 칠불사 아자방의 아궁이가 아닌가 싶다. 아궁이의 '아'를 아亞 자라고 하면 말이다. 자궁子宮 다음에는 아궁亞宮이다.

삼천포三千浦의 풍경에 취하다

풍취風醉, '풍경에 취한다'는 말이다. 술꾼은 술에 취하고 차인은 차茶에 취하지만, 한량은 풍경에 취한다. 외국 풍경을 좇다가 돌고 돌아 고국 남해안 삼천포의 풍광을 바라보니 환지본처還至本處의 참뜻을 알겠다. 말이 통하고 음식도 맞는 것이 고국산천의 장점이다.

삼천포는 고려 시대 수도인 개성까지 구불구불 해안을 따라 뱃길로 가면 3천 리가 된다고 해서 붙여진 이름이라고 한다. 그 지형 조건이 좋아서 고대부터 천혜의 항구였다. 지금은 남해 쪽에서 창선도까지 삼천포(창선)대교가 하나의 길로 연결되어 놓여 있다. 삼천포대교 옆의 오른쪽 동네가 실안實安인데, 이 실안의 언덕에 올라가서 앞바다 풍경을 바라보는 것이 최고 전망이

다. '실안낙조'로 유명하다. 대교 바로 밑에는 초양도가 있고, 그 오른쪽으로 늑도, 마도, 저도가 이어져 있다. 섬들이 둘러싸고 있어 바다라기보다 호수 같다. 늑도에서는 청동기시대 유적과 고대 중국의 동전이 발견되었다. 고대부터 배를 타고 먼바다로 나가려면 조류潮流를 타야 하는데, 그 조류를 타기에 좋은 지점이었던 것이다. 조류가 오가는 길목에는 죽방렴이 설치되어 있다.

삼천포 토박이로 수협 조합장을 맡고 있는 홍석용 씨. 해풍에 단련된 강인한 선장의 인상이면서도 속 깊은 정이 느껴지는 홍 조합장은 "옛날, 이 죽방렴의 기둥이 단단한 참나무였다"고 말했다. 지금은 쇠파이프로 바뀌었다. 죽방렴 멸치를 멸치 중 최고로 친다. 500년이 넘었다는 죽방렴 기둥 주위로 흰 갈매기가 날아다니고, 야생 오리 떼도 물 위에 떠 있고, 때로는 육지의 까마귀도 날아와 뭐 먹을 거 없나 기웃거린다. 호수 같은 바다에는 먹고살기 위해 고기 잡는 어선들이 여기저기 떠 있고, 그 사이를 하얀 물살을 가르며 배들이 오간다. 건너편 섬들에는 사람 사는 집들이 옹기종기 모여 있다. '다 때려치우고 저 섬에나 들어가 살아볼까' 하는 마음도 든다.

이 모든 게 어우러져 풍경이 되었다. 좋은 풍경은 우선 보는 사람에게 왠지 모를 한가함을 준다. 그다음에는 삶의 활기를 준다. 원포귀범遠浦歸帆과 연비어약鳶飛魚躍이 합쳐진 풍광이다.

2장

제齊 가家

집안을 정제하다

齊家

내가 살고 싶은 곳

"우리나라에서 살아보고 싶은 곳을 어디로 꼽습니까?" 독자들이 나에게 자주 물어보는 질문이다. 전국 곳곳의 명당과 경치 좋은 곳을 많이 돌아다녀 보았으니까 알고 있을 것이라는 전제가 깔려 있다.

우선 하동군 악양岳陽이 살아보고 싶은 곳이다. 뒤에는 1천 미터가 넘는 지리산 영봉靈峰들이 병풍처럼 둘러쳐져 있고, 동네 앞으로는 지금도 맑은 강물을 유지하고 있는 섬진강이 흐른다. 한자 문화권에서 가장 이상적인 주거지로 여기는 배산임수背山臨水의 전형이다. 감여가堪輿家는 '산남강북山南江北'에 양기가 뭉쳐 있다고 본다. 배산임수는 산의 남쪽이요, 강의 북쪽에 해당한다. 먹을 것이 풍부하다는 것도 엄청난 장점이다. 지리산에서 산나물 나오고, 섬진강에서 은어와 재첩 나오고, 남해 바다에서 생선 나온다. 겨울에는 따뜻하므로 양지바른 창문 밑에서 책 보기도 좋다. 봄, 여름, 가을, 겨울마다 등장하는 구름과 안개, 석양, 눈 내리는 풍광이 볼만한 즐거움을 준다. 동네 뒷산인 형제봉에만 올라가도 지리산과 섬진강의 호쾌한 풍광을 즐길 수 있어서 근심 걱정이 털어진다.

거창군 북상면의 강선대降仙臺 근처도 좋다. 완전한 산골 동네라는 느낌이 온다. 아궁이에 장작을 때면서 살 수 있는 동네다. 덕유산 자락에 깊이 파묻혀 있다는 산골 느낌이 도시와 아파트에 질린 현대인들을 치유해 준다. 인근 위천면의 수승대搜勝臺까지 둘러볼 수 있다. 계곡이 있는 것도 좋다. 더운 여름에 계곡물은 진가를 발휘한다. 역대로 영남 선비들이 좋아했던 산세다. 기백산, 금원산의 바위 암벽에서 나오는 골기骨氣도 힘을 준다.

전북 부안군의 모항 근처도 살아보고 싶은 곳이다. 언덕에 집을 지으면 서해 바다의 벌과 섬들의 풍광이 한눈에 들어온다. 석양의 붉은 낙조는 열 받아서 뭉친 화기火氣를 내리는 데 최고다. 뒷산인 변산邊山의 높지도 낮지도 않은 고만고만한 수십 개 바위 봉우리들은 중국 무협지에 나오는 듯한 경치다.

죽기 전에 해보고 싶은 버킷 리스트bucket List라는 게 있는데, 나의 버킷 리스트는 조선 땅의 승지勝地에서 살아보는 것이다.

부자와 명당明堂

해방 이전의 갑부가 인촌 김성수였다면 이후의 부자는 삼성의 호암 이병철이다. 두 집안의 공통점이 있다. 명당明堂에 많은 관심을 기울였다는 점이다. 명당 구하는 데 돈도 많이 썼다.

인촌 집안은 풍수 고단자를 전속 지관地官으로 고용했었다고 전해진다. 그 지관의 급여도 요즘으로 치면 수억 원 고액 연봉이었다. 생계를 보장해 주면서 '인근에 명당을 발견하면 바로 보고하라'는 임무를 부여했다. 이렇게 해서 전북 고창, 전남 장성 일대의 명당은 인촌 집안이 확보하게 되었다. 고창군의 반암盤岩, 백양사 뒷산 터, 심지어는 선운사禪雲寺 산내山內 백련암 터에도 인촌 집안의 재실齋室이 있다. 어떻게 큰절의 암자까지? 왜정 때 명당으로 소문난 백련암 터 2만 평을 선운사 측으로부터 넘겨받는 조건으로 인촌 집안이 보유하고 있던 수십만 평 전답을 선운사에 양도했기 때문이다. 백련암 터에서 바라다보면 앞산의 둥그런 봉우리 3개가 아주 아름답게 보인다. 쌀이 쌓인다는 노적봉露積峯이다.

이번에 선대 이병철 회장이 잡아서 삼성 본사 사옥으로 써왔던 삼성생명 빌딩이 5천 8백억 원에 매각됐다. 조선 후기에 동전을 주조하던 주전소鑄錢所 터에 세운 빌딩이었다고 한다. 과거에 그 터가 어떤 용도로 사용되었는가는 감여가堪輿家에서 주목하는 정보다. 이전에 죄인을 취조하던 관청이었거나 사형을 집행하는 형장이었던 터는 기피한다. 눈에는 안 보이지만 부정적인 에너지가 그 공간에 축적되어 있다고 보기 때문이다. 전 주인이 사업하다 망했거나 자살한 집터도 마찬가지다. 전 주인이 잘된 터는 비싸더라도 매입한다. 조선 시대 선혜청宣惠廳 쌀 창고가 있었던 자리가 서울의 남창동과 북창동이었는데, 흥미롭게도 남창동권圈에는 신세계가 있고, 북창동권에는 한국은행이 자리 잡고 있다. 이병철이 처음 신세계 터를 매입할 때에도 이러한 정보를 충분히 고려하지 않았겠는가? 북한산에서 내려온 지맥이 회룡고조回龍顧祖, U턴를 하면서 기운이 뭉친 자리가 남산이다. 남산의 최고 명당은 명동성당 자리고, 그 밖의 여러 명당에 주목한 인물이 바로 이병철이었다.

칠곡의 매원梅院마을

조선 시대 명문 양반들이 살았던 동네들을 찾아가 보면 한결같이 명당이라는 점에 놀란다. 터가 안 좋은 데가 없다. 경상북도 칠곡군 왜관읍의 매원리梅院里도 그런 터다. 17세기 초반부터 광주 이씨廣州 李氏들의 세거지다. 경주 양동마을, 안동 하회마을과 함께 영남의 명촌名村으로 꼽힌다.

매원은 동네 터가 매화꽃이 떨어진 매화낙지梅花落地 형국이라고 알려져 있다. 그래서 이름이 매원이 되었다. 매처학자梅妻鶴子, 매화를 부인으로 삼고 학을 자식으로 삼는다라는 말도 있듯이, 매화가 있으면 학이 있기 마련이다. 매원의 뒷산은 소학산巢鶴山이라고 불린다. '학의 둥지'라는 뜻이다. 어디 그뿐인가. 반경 1킬로미터 이내에 황학산黃鶴山, 유학산遊鶴山도 포진하고 있다.

날짐승인 학이나 봉황이란 이름이 들어가는 산은 가운데에 볼록한 봉우리가 하나 있고, 양옆으로 약간 낮은 높이의 역시 볼록한 봉우리가 있다. 가운데 봉우리는 학의 머리이고, 양옆은 날개에 해당한다. 3개의 학산이 바깥에 있고 그 안으로는 황학동黃鶴洞, 학명동鶴鳴洞, 학산동鶴山洞, 학하동鶴下洞, 학상동鶴上洞이 안겨 있다. 온통 학이다.

동네 앞으로는 동정천東靜川이 흐르면서 주변의 논밭에 젖줄을 대주고 있다. 전답만 풍부한 게 아니라 낙동강에 배를 타고 오르내리기도 좋은 위치였다. 돌밭나루터가 10리 밖에 있다. 왜상倭商들이 배를 타고 낙동강을 올라오다가 무거운 화물은 화원나루터에 내려놓았다. 부산에서 돌밭까지는 강을 따라 300리 거리다. 가벼운 물건인 소금이나 곡물과 같은 일상용품은 돌밭나루터에 내려놓았다고 한다. 돌밭나루터가 커져서 왜관倭館이 된 것이다.

당쟁이 가장 치열했던 숙종조에 매원과 돌밭의 '광리廣李'들은 남인의 선두에 서서 반대파인 노론과 싸웠다. 경신환국(1680)과 갑술환국(1694)에서 노론의 집중 공격으로 피를 많이 흘린 집안 중 하나가 이 집안이다. 당쟁에 시달린 이 집안 선조들이 후손들에게 내린 유훈은 '절대로 높은 벼슬을 하지 말라'였다. 6·25전쟁 때 폭격으로 이 동네의 수백 채 고택들이 피해를 입었다. 서울대 총장을 지냈던 이수성이 이 집안이다.

공자는 마마보이?

마마보이로 성장한 아들일수록 성장 과정에서 공격성이 줄어들고 사회 적응력이 높아져서 지도자로 성공할 가능성이 높다는 연구 결과가 나왔다. 두 살 때부터 홀어머니 밑에서 자란 오바마, 유복자로 태어난 클린턴, 10대 미혼모의 자식으로 태어난 프로 농구 선수 르브론 제임스Lebron James가 여기에 해당한다고 한다. 거의 편모슬하偏母膝下 아들이다.

공자야말로 편모슬하에서 큰 마마보이다. 아버지가 일찍 죽고 무녀巫女였을 것으로 추정되는 홀어머니 안징재顏徵在가 애지중지 기른 아들이 공자다.

근래에 내가 아주 재미있게 읽은 책이 《좌파논어》다. 이 책의 저자인 주대환周大煥 선생의 해석에 따르면 공자는 정신적으로 여성화된 남성이라는 것이다. 공자는 남들과 싸우고 경쟁하여 이기는 것을 좋아하지 않았다는 해석이다. 어릴 적에도 칼싸움이나 전쟁놀이 같은 것을 하지 않고 소꿉장난을 하며 놀았다는 것이 그러한 방증이다. 이 책의 75쪽을 보면 다음과 같은 서술이 있다.

'공자의 인간관계에 대한 가르침은 모두 남성적인 힘겨루기와 서열 정하기, 시기 질투와 분파 투쟁으로 힘을 낭비하는 것을 금지하는 내용으로 가득하다. 그의 정치철학을 관통하는 핵심 가치로 말해지는 인仁은 어머니로부터 물려받은 정신에 뿌리를 두고 있음에 틀림없다. 그래서 공자의 정신에 가장 깊은 공감을 느낀 당대 정치가는 바로 여성인 남자南子였다고 본다.'

남자는 당시 위나라 통치자인 영공靈公의 부인이었다. 단순히 내조만 하던 부인이 아니라 현실 정치에도 어느 정도 관여하는 정권의 2인자이자 남편의 정치 파트너로서 비중을 지닌 여걸이었다. 공자가 여러 나라를 떠돌던 시절에 가장 대접을 후하게 해준 나라가 위나라였고, 이 위나라 2인자였던 남자가 공자를 적극적으로 지원해 준 후원자였던 것이다. 공자가 예禮와 악樂을 되살려 정치를 해야 한다고 주장하고 다녔을 때, 예악정치禮樂政治에 가장 큰 지지를 보낸 여성 정치인이 남자였다는 해석이다.

홀어머니 밑에서 자란 아들 공자. 《논어》는 여성을 우대하는 좌파의 관점에서 읽어볼 필요가 있다.

여걸女傑을 만든 가정교육

"중국에는 등소평이 있고, 대구에는 문소평이 있다." 몇 년 전 대구에 놀러 갔을 때 대구 문화계 인사 한 분이 들려준 말이다. 명산名山에는 산주山主에 해당하는 인물이 자리 잡고 있듯이, 그 지역에 갔을 때 산주급山主級 인물을 만나서 이야기를 나눠보아야 제대로 여행을 한 셈이 된다. 이번에 그 문소평을 만나보았다.

'남비슬南琵瑟과 북팔공北八公'이 둘러싸고 있는 대구의 산주는 남자가 아니고 70대 중반의 여자였다. 본명은 문신자文信子. 타고난 팔자에 토土가 많이 있으니까 믿을 신信 자를 썼을 것이고, 토에 대해서 자子는 물[水]에 해당하니까 재물이 된다. 오행에 맞는 이름이다. 안동사범을 나와 쭉 교육계에 있다가 정년 이후로는 여러 문화단체 '장長' 자리를 맡고 있었다. 돈과 물질에 애착심이 없는 배짱을 지니고 있었고, 인생의 산전수전을 거치면서 터득한 통찰력, 그리고 만나는 상대방에 대한 따뜻한 배려와 인정을 갖춘 여걸이었다.

여걸은 특이한 가정교육을 받았다. 아버지가 환갑에 얻은 딸이라고 해서 "너는 나하고 갑자甲子가 같으니까 아버지라고 존댓말 하지 말고 친구처럼 지내자. 반말로 '너'라고 불러라!"라고 한 것이다. 초등학교 시절 문신자가 학교에 갔다 오면 가방을 아버지에게 내던지면서 "너, 지금부터 내 숙제 얼른 해놔라"라고 호령했다. 나중에 "숙제 안 하고 뭐 했나?" 하면 아버지에게서 "친구들하고 마작하고 노느라고 못 했다"는 대답이 돌아오곤 했다. 이 아버지가 왜정 때 금광을 캐서 경북 일대의 갑부가 된 문명기文明琦다. 유년 시절에는 동네 꼬마들과 땅따먹기 놀이를 하면서 집안 금고에 보관되어 있던 네모난 순금 덩어리들을 꺼내 가지고 놀았다. 어린애라 황금을 돌멩이로 생각했던 것이다.

어머니는 어린 딸이 매일 학교에 가기 전에 "산중대천에 불공드리러 가지 말고 내 집 문 앞에 오는 사람 괄시를 마라"는 말을 소리 내어 세 번씩 복창하도록 교육했다. 세 번 복창을 안 하면 혼이 났다. 중국집에서 식사하면서 나에게 해준 "머리를 맞대면 두통이 오지만, 가슴을 맞대면 소통이 됩니다"라는 말이 뇌리에 남는다.

재벌 3세의 자리

비행기 탑승구를 통과한 다음에 짐 보따리를 들고 이코노미석을 향하여 한 걸음씩 옮길 때마다 떠오르는 문구가 하나 있다. 부재기위不在其位 불위소능不爲所能이라! '그 자리에 있지 않으면 능력을 펼 수 없다'는 말이다. 여기에서 '자리[位]'는 두 가지 의미를 지닌다. 하나는 벼슬 또는 직책職責을 지칭하고, 다른 하나는 좌석座席을 뜻한다. 열 몇 시간 이상을 가야 하는 미국행이나 유럽행 비행기에서 3등칸인 이코노미석에 앉아야 한다는 것은 상당한 인내를 필요로 한다. 5~6시간은 견딜 만하지만 10시간이 넘어가면 '아! 내가 재물과 자리가 없어서 이 고역을 치르는구나! 언제나 나는 비즈니스석을 한 번 타본단 말인가!' 하는 한탄이 나온다.

비행기는 돈의 유무에 따라 자리 등급이 확연하게 구분되는 현장을 분명하게 보여준다. 축령산의 황토집 휴휴산방에서 편백나무 향기에 젖어 있을 때에는 '내 팔자가 상팔자로구나!' 하는 생각이 들다가도, 비행기 이코노미석에 앉을 때는 '아! 나도 돈 벌었어야 하는 거구나! 자리가 정말 중요하구나!' 하는 회한이 밀려온다. 이어서 그 비싼 1등석과 2등석에는 도대체 어떤 상팔자가 타고 있단 말이냐 하는 부러움도 생겨난다.

대한항공 '땅콩 회항回航'의 주인공은 1등석에 앉아서 오다가 사건을 일으켰다. 재벌 3세다. 한국의 재벌 3세들은 본인의 내공에 비해서 앉아 있는 자리들이 너무 과하다. '과재기위過在其位 패가망신敗家亡身'이다. 능력을 벗어나는 자리에 철없는 3세들이 앉아 있는 것이 앞으로 한국 사회에 큰 문제가 될 것 같다.

재벌 창업자들은 각고의 노력과 적선공덕積善功德으로 부를 일구었고, 그 자식들인 2세들은 카리스마 있는 아버지를 보고 자라면서 나름대로 배운 것이 있다. 그러나 3세들은 미국·유럽에서 편하게 유학 생활만 했지 보통 서민들이 흘리는 피와 땀 그리고 눈물이라는 세 가지 액체를 별로 흘려본 적이 없다. 내공은 미국의 MBA 과정에서 나오는 게 아니라 세 가지 액체에서 나온다. 재벌 3세들은 이코노미석 화장실 앞자리를 타고 다녀야 카리스마와 내공이 생긴다.

조손교육 祖孫教育

현대 경영학의 창시자라고 알려진 피터 드러커Peter Drucker, 1909~2005. 경영학은 동양식으로 표현하면 '장자방張子房 비즈니스'다. 드러커가 경영학이라는 문파의 장문인掌門人이 될 수 있었던 배경에는 유년 시절 그의 할머니에게 받은 영향이 컸다. 드러커의 자서전을 시작하는 제일 첫 장 수십 페이지 분량이 할머니 이야기다. 그는 할머니에게 경영학의 기본을 배웠던 것이다.

드러커는 오스트리아 빈에서 태어났다. 유럽 최고 왕가인 합스부르크가家의 본거지였던 빈. 빈의 상류층 집안 출신이었던 할머니는 인간에 대한 호기심과 배려가 깊었다. 모두가 천대하는 창녀에게도 감기약을 구해서 가져다주는 할머니를 보고 드러커는 깊은 인상을 받았다. 또한 할머니는 젊은 시절 피아니스트였다. 클라라 슈만의 제자였고, 스승이 보는 앞에서 브람스를 위하여 피아노를 연주하기도 했던 과거를 손자에게 이야기해 주었다. 드러커는 할머니에게 음악과 예술에 대한 이해 그리고 인문적 교양을 배웠던 것이다. 또 할머니는 항상 커다란 쇼핑백을 휴대하고 다녔다. 주변 사람들에게 줄 자그만 선물들이 그 안에 가득 들어 있었다고 한다.

한국 의료보험 제도의 틀을 짠 산파이고, 지난 대통령 선거에서 '경제 민주화'를 주장했던 김종인은 조부인 가인街人 김병로金炳魯, 1887~1964가 키웠다. 5세 때 아버지가 사망하는 바람에 조부 슬하에서 자랐다. 순창 출신인 김병로는 18세 때인 1905년에 면암 최익현1833~1906이 전라도 태인의 무성서원武城書院에서 의병을 모집할 때 지원하였다. 면암은 어리고 왜소한 김병로를 보고 '공부를 더 하고 나중에 커서 오라'며 돌려보냈다. 면암은 이듬해에 대마도에 잡혀가서 단식 끝에 굶어 죽었다. 조부 슬하에서 이런 이야기를 듣고 컸던 김종인은 '나라가 잘되어야 한다'는 심지를 키우게 되었다. 김종인은 10세 무렵부터 조부의 심부름으로 윤치영, 조병옥, 조소앙과 같은 당대 정치 거물들이 유세하는 내용을 들으러 다녔다. 핵심 내용이 무엇인지, 누가 선거에서 이길 것 같은지를 예측하여 할아버지에게 보고하여야만 하였다.

드러커는 할머니, 김종인은 할아버지가 키운 '조손교육'의 모범 사례다.

환가지교換家之教, 귀족 집안 교육

《수상록》으로 유명한 몽테뉴Montaigne, 1533~1592는 흔히 프랑스 정신의 아버지라고 불린다. 신문에 칼럼을 쓰는 칼럼니스트 입장에서 보면 몽테뉴는 칼럼의 원조다. 중세인으로는 드물게 교육, 우정, 슬픔, 분노, 예언, 죽음, 고독 등 인간 삶 전반의 주제에 대해 자신의 주관적인 관점을 그대로 보여주는 칼럼 같은 글을 썼기 때문이다.

몽테뉴는 어떤 교육을 받았단 말인가? 눈여겨볼 사항 하나는 그가 태어나자마자 자기 집안의 머슴으로 있는 초부樵夫, 나무꾼의 집에 맡겨졌다는 점이다. 몽테뉴 집안은 영지領地를 소유한 귀족 집안이었다. 이런 부잣집 도련님을, 태어나자마자 하인으로 있는 나무꾼 집에 양자로 보냈다는 점은 시사하는 바가 깊다. 영주領主

와 영민領民 사이에 끈끈한 유대 관계도 확보하고, 일반 평민의 생활양식을 경험하게 하기 위해서다. 몽테뉴는 5세 무렵이 되자 다시 본가로 돌아왔다.

조선 시대 사계沙溪 김장생金長生, 1548~1631. 사계는 13세 때 당대 석학이었던 송구봉宋龜峰, 1534~1599의 문하에 들어갔다. 당시 송구봉은 현재의 파주 출판단지 뒷산인 구봉산龜峰山 자락에 살고 있었다. 야산이지만 멀리 서울 쪽 도봉산道峰山에서 수십 리를 갈지자-之字로 지맥이 내려와 한강과 임진강의 합수合水 지점을 바라보는 데서 멈춘 구봉산은 격국格局을 갖춘 명당이다. 산 정상 부근에 거북이 등 껍데기 같은 형상의 바위가 있어, 거북 구龜 자를 써서 '구봉'이라는 이름이 붙었다. 지금은 심학산尋鶴山으로 이름이 바뀌었다. 서울 마포에서 배를 타고 한강을 내려가면 반나절에 도착할 수 있는 가까운 거리였다.

열세 살의 어린 김장생은 집을 떠나 아버지의 사상적 동지였던 송구봉 집에 보내져 6~7년간 유교 경전들을 읽으며 송구봉의 훈도를 받았다. 이때 송구봉으로부터 배운 사상의 핵심이 '의리義理'와 '직直'이라고 한다.

자기 자식은 직접 가르치기가 힘들다. 화만 일어난다. 동서양 모두 귀족 집안에서는 어렸을 때부터 집과 아버지를 바꿔서 가르치는 '환가지교換家之敎', '환부지교換父之敎'가 있었다.

본관本貫의 문제

본관은 그 성씨의 시조 또는 중시조中始祖가 살았던 거주지를 가리킨다. 그런데 문제는 족보상에 이 거주지가 이후로도 안 바뀐다는 데 있다. '안동 김씨' 같은 경우가 대표적이다. 안동 김씨는 조선 후기에 대단한 권력을 행사한 귀족 집안이다. 보통 사람들은 경상도의 안동 사람들이 권력을 잡은 것으로 생각하기 쉽다. 사실은 아니다. 안동 김씨들은 원래 안동에서 대대로 살았지만 1500년대 초반에 서울에 와서 벼슬을 하기 시작하였다. 벼슬을 하면 집을 장만하기 마련이다. 그리고 아들, 손자 대에 과거 합격자가 나오면 서울에 눌러앉아 살았다.

안동 김씨는 김영金瑛·김번金璠 형제가 과거에 급제하여 서울 장의동壯義洞에 거주하기 시작하면서부터 대대로 서울에서 살았다. 장의동을 줄여서 나중에는 장동壯洞이라고 불렀다. 김번의 증손자가 유명한 청음 김상헌이다. 김상헌 후손들은 학파도 율곡학파에 속하였으며 당파도 서인·노론으로 이어졌다. 안동 사람들이 퇴계학파와 남인에 속하였지만 '장동 김씨'들은 이들과 색깔이 전혀 달랐다. 기호학파 사람들과 놀았던 것이다. 김상헌이 죽고 난 뒤인 숙종조에 그 선조의 고향인 안동에다가 청음서원을 지으려고 하였지만 안동의 유림들이 막 올라가기 시작한 건물의 대들보와 서까래를 밧줄로 잡아당겨 무너뜨려 버렸다. 앞서 말한 '청음서원 훼파 사건'이다. 야당 도시인 안동에 어찌 집권 여당의 당수 서원을 짓는단 말이냐! 오늘날 안동 김씨 하면 경상도 안동 사람들이 세도를 누린 것으로 착각하기 쉽지만, 세도를 누린 안동 김씨들은 실제적으로는 장동 김씨였고 기호학파였으며 서울 사람들이었다는 사실을 주목해야 한다.

경남 합천의 쌍책면에 사는 완산 전씨完山 全氏들도 전하민全夏民이 1451년에 합천으로 이사 오면서 살기 시작하여 현재까지 살고 있다. 왜정 때 호적을 보면 전주 전씨全州 全氏로도 쓰여 있다. 전하민의 증조부인 전집全潗이 고려 말에 홍건적을 토벌한 공으로 완산군完山君에 봉해졌기 때문에 '완산'이 되었다.

한번 본관이 정해지면 아무리 다른 지역에서 수백 년을 살아도 안 바뀌는 것이 한국의 관습이다.

보호령 保護靈

보호령이란 그 사람을 보호해 주는 영적靈的인 에너지를 말한다. 보통 사람 눈에는 보이지 않지만, 영안靈眼 또는 심안心眼이 열린 사람 눈에는 그 사람 뒤에 서 있는 보호령이 보인다고 한다.

이 보호령을 서양 기독교 문화권에서는 수호천사守護天使라고 부르고, 불교에서는 호법신장護法神將이라고 한다. 유럽의 유서 깊은 가톨릭 성당에 가보면 날개를 단 모습의 천사들이 성인들 뒤에서 지켜주고 있는 성화聖畵가 많다. 서양에서는 이 보호령의 존재를 날개 단 천사 모습으로 거의 통일했다. 날개를 달았다는 것은 시공의 제약을 받지 않고 자유롭게 활동한다는 의미로 해석하고 싶다. 불교의 호법신장은 주로 금강역사나 사천왕으로 묘사된다. 커다란 거인 체격에 갑옷을 입고 있고, 손에는 무기를 들고 있는 무장武將 모습이다.

원초적 의미의 보호령은 그 사람의 조상인 경우가 많다. 사회적으로 어느 분야에서 일가를 이루고 성공한 사람은 대개 그 뒤에 보호령이 있다. 보호령이 있어야만 그 수많은 어려움과 아슬아슬한 선택 기로에서 본능적 직감을 발동해 난관을 헤쳐나갈 수 있도록 도움을 받는다. 보호령이 있는 사람들의 특징은 차분하면서 말이 많지 않고 사소한 일에 삐치지 않는 관용심이 있으며, 상황 상황에서 도를 넘지 않는 경향을 보인다. 그리고 주변에 대한 배려심이 있다. 그 사람의 증조 대나 고조 대에 유명한 학자가 있었으면 그 손자(친손자 외손자 포함) 대에도 공부 잘하는 후손이 나오는데, 대체로 그 손자는 보호령이 있기 마련이다. 조상 중 유명한 의사가 있었으면 그 후손 중에도 뛰어난 의사가 나올 확률이 높다. 물론 보호령이 있다.

하지만 보호령과 접신接神은 차원이 다르다는 것이 내 생각이다. 접신은 그 영적 에너지가 몸 안에 들어와 완전히 자리를 잡고 지배한다. 이러면 샤먼shaman이 된다. 보호령은 몸 안에 들어오지 않고 그 사람 뒤에 병풍처럼 서 있는 에너지다. 내 보호령은 큰 붓을 든 할아버지라고 여러 군데서 들었다. 다층적 차원에서 인간을 볼 수 있다.

《성학십도聖學十圖》 병풍

전남 장성에 손룡巽龍이라는 동네가 있다. 조선 후기 전국을 떠돌아다니던 비결파秘訣派들이 호남의 명당으로 꼽았던 지역이다. 여기에 손룡정사巽龍精舍를 지어놓고 산암山巖 변시연邊時淵, 1922~2006 선생이 후학을 가르쳤다.

산암은 한학漢學과 보학譜學의 대가였다. 나도 한문과 보학에 막히는 부분이 있으면 손룡정사를 찾아가곤 하였다. 선생의 거처에는 병풍이 하나 있었는데, 갈 때마다 그 병풍이 눈에 띄었다. 조선 선비의 품격과 문기文氣를 집약한 병풍이었기 때문이다. 바로 퇴계 선생의《성학십도聖學十圖》를 10폭 병풍으로 만들어놓은 것이었다. 선조가 17세에 임금이 되었을 때, 당시 68세의 노학자였던 퇴계가 선조에게 올린 제왕수신帝王修身의 요체가《성학십도》다. 10개의 도표와 간단한 해설로 이루어져 있다.

전라도 선비였던 산암은 율곡보다 퇴계를 더 흠모하였던 것 같다. 산암은 젊은 시절 충청도 보은의 99칸 '선宣부자 집'에서 일체의 경비를 대어 운영한 관선정觀善亭이라는 서당에서 공부한 바 있다. 관선정의 선생은 당대 선비 홍치유洪致裕, 1879~1946였다. 그 소문을 듣고 전국에서 머리 좋은 학생들이 관선정으로 모여들었다. 홍치유 밑에서 배출된 제자가 후일 지곡서당을 세운 임창순 그리고 변시연이다. 홍치유의 학맥을 거슬러 올라가면 성재 권상익을 거쳐 서산 김흥락으로 소급된다. 퇴계학맥이다. 김흥락은 학봉鶴峯의 후손으로 퇴계의 적전嫡傳을 이은 제자다. 호남의 변시연은 퇴계학맥에서 공부했던 것이다.

퇴계학파의 전통 가운데 하나가《성학십도》병풍이다. 이 병풍은 아무나 만들 수 없었다. 퇴계학맥 가운데서도 학문과 그 인품이 어느 정도 수준에 올라가 있는 제자만이 집 안에《성학십도》병풍을 가질 수 있었다. 급이 안 되는 사람이 이 병풍을 집에다 해놓으면 욕을 먹었다.

근래에 안동의 학봉종가에 가보니까 아니나 다를까 대청마루에 이 병풍이 놓여 있었다. "병풍 9도圖에 나오는 〈경재잠도敬齋箴圖〉를 중시하는 것이 우리 집안의 가풍입니다." 종손 김종길의 답변이다. 일상에서 공경심을 잃지 말아야 한다는 것이다.

소반小盤의 숫자는 집안의 품격

크고 화려한 것이 좋았다. 그러다가 시간이 지날수록 작고 소박한 물건에 애착이 간다. 그 이유는 무엇일까. 작고 소박할수록 긴장감을 덜 주고, 긴장감이 적을수록 편안함을 느끼기 때문이 아닐까.

한국의 소목장小木匠이 만드는 목가구들이 대체로 작고 소박하다. 방 안에 들여놓아도 사람에게 전혀 위압감을 주지 않는다. 없는 듯하면서도 존재해 있다. 한국의 전통 목가구 중에서 소반小盤이 그렇다고 생각한다. 거실에서는 소반 위에다가 찻잔을 올려놓고 차를 마시기도 좋고, 안방에서는 머리맡에 놓고 책을 보기도 좋다. 특히 찻잔 2개와 다식을 올려놓으면 꽉 차는 작은 소반은 앙증맞기까지 하다. 가벼워서 들고 다니기가 편하다. 무겁지 않

다는 점이 최대 장점이다. 한 손으로 들어서 마음대로 옮길 수 있도록 설계된 식탁은 세계에서 한국의 소반이 가장 앞서지 않았을까?

소반의 재료는 주로 행자목杏子木이 많다. 은행나무인데 가볍기 때문이다. 내가 목가구에 대해 의문점이 생기면 자문하는 인물이 소목장인 거안居安 안재성이다. 40년간 한국의 나무들을 다루어본 거안에 따르면 느티나무로 만든 소반은 무늬가 화려하고 품격이 있지만, 행자목에 비해서 무겁다는 점이 단점이라고 한다. 그리고 소반을 제작할 때 가장 주의할 공정은 통판의 홈을 파내는 과정이라고 한다. 음식이나 찻잔을 놓는 부분이 통판이다. 여기를 약간 파내는 작업이 난도가 높다.

조선의 3대 소반으로는 해주반, 통영반, 나주반을 꼽는다. 공통적으로 물산이 풍부한 지역이라 소반 수요가 많았고, 다른 지역으로 실어 나르기 편리한 해안가에 위치하고 있다. 해주반은 투박하면서 튼튼한 느낌의 남성적 소반이라면, 나주반은 아주 날씬하고 가볍다. 세련된 여인을 연상시키는 소반이다. 통영반이 양쪽을 중도 통합한 느낌이다. 오래된 고택에 가면 안채 마루 위 시렁에 소반이 여러 개 걸려 있다. 비중 있는 손님이 방문하면 독상獨床을 차려야 하기 때문이다. 유서 깊은 대감 집에는 수십 개의 소반이 비치되어 있었다. 그 집에 있는 소반의 숫자는 그 집안의 품격을 상징한다.

바닷길로 연결된 해상 세력 집안

서남 해안에는 옛날부터 중국과 바닷길을 통해 사람과 물건이 오갔던 해상 거점이 있었다. 지명에 '당唐' 자가 들어가는 지역은 당나라와 무역이 활발했던 항구들이었다. 당항포唐項浦, 당진唐津, 당항진唐項津 등이 그런 곳이다. 고려 태조 왕건 집안도 통일신라 말기에 개성과 예성강을 통해 서해안의 물류 거점을 장악한 해상 무역 집안이었다. 서해안에는 왕건에게 적극적으로 협조했던 해상 세력 집안이 있다. 남양 홍씨南陽 洪氏 집안과 나주의 오씨鳴氏 집안, 나씨羅氏 집안이 대표적이다. 이 집안들은 왕건 세력과 바닷길을 통해 연결되어 있었다.

왕건은 왜 나주부터 공격하였는가? 나주는 내륙이지만 영산강을 통해 지금의 전남 신안군 일대 수십여 섬과 어미 닭과 병아리 관계처럼 밀접하게 연결된 해상 도시였다. 당시 해류와 바람을 제대로 타면 나주에서 개성까지 배로 2~3일 만에 도착할 수 있었다. 바다 고속도로였다. 그래서 개성과 나주는 음식이 비슷하다고 한다.

나주의 오씨 집안 딸이 바로 왕건 부인인 장화왕후莊和王后 오씨 부인이다. 금성錦城 나씨 집안 시조인 나총례羅聰禮도 왕건에게 적극 협력해 나중에 '삼한 일등공신'이 되었다. 남양만南陽灣 일대 해상무역권을 장악하고 있었던 홍씨 집안은 아들 홍유洪儒를 왕건의 부장으로 내준다. 홍씨가 세거하던 경기도 화성시 남양만 일대는 평택·수원의 곡창지대와 곧바로 연결되는 물류·군사적 요충지였다.

화성시 서신면에는 삼국시대부터 수군 방어 기지가 들어서 있었다. 이러한 지리적 요건 때문에 당항진의 위치를 이 일대로 추정하기도 한다. 야산에다 석축을 쌓아 구축한 당성唐城도 바로 서신면에 있었다. 고려 말 조선 초에는 왜구들이 곡식을 탈취하려고 수시로 침입했던 지역이다. 이를 방어하기 위해 조선조에는 영종포첨사永宗浦僉使가 있는 수군 진지가 해운산海雲山에 있었다. 삼국시대부터 조선조에 이르기까지 해상무역의 유적지가 바로 이곳이다. 천 년이 넘게 남양만을 떠나지 않고 살아온 토박이 남양 홍씨 옥란재玉蘭齋 집안은 이 유적지가 훼손될까 봐 걱정이 많다.

양반 집안의 사회 환원

조선 시대 양반 집안으로 존경받았던 가문은 주변 사람들에게 후하게 덕을 베푼 경우가 많았다. 반대로 힘없는 서민에게 군림하고 착취했던 집안들은 동학혁명, 6·25 같은 격변기가 닥쳤을 때 대가를 치러야만 했다. 인심 잃은 집안들은 난리 났을 때 절단切斷 났다.

조선 후기에 뜻있는 양반 집안들이 주변 가난한 사람들을 도와주는 방식은 의장답義庄沓 운영이었다. 집안에서 일정 부분의 논밭을 따로 떼어놓고 여기에서 나오는 곡식을 주변 사람들에게 무료로 나누어주는 것이다. 내가 전국을 다니며 조사해 본 결과, 김제 금구면 서도 장씨西道 張氏 집안, 논산 노성리 윤씨 집안, 진주 지수면 허씨 집안에서 의장답을 운영하였다.

일제 때 조선어학회 사건 주모자로 감옥 생활을 했던 장현식이 서도 장씨 주손이고, 노성리 윤씨들은 조선 후기에 사립학교인 종학당宗學堂을 세워 주변 가난한 아이들의 학비를 지원하였다. 지수의 허씨들은 독립운동 자금을 대면서 진주여고를 세웠고, 백정白丁들의 신분 해방운동이었던 형평사衡平社 운동의 자금을 대었다.

경남 의령군 내제來濟의 벽진 이씨碧珍 李氏 집안도 '별장사목別庄事目'이라고 하는 의장답이 있었다. 그 내용은 가난한 이웃의 혼수용품을 지원하고, 흉년에는 양식을 보태주고, 50세 이상 노인들에게 방한용으로 면포와 면화를 제공한다. 가난한 아이들에게 학업을 권장하기 위해서 한지 2권卷, 붓 4자루, 먹 2개씩을 지원한다. 약속을 지키는 훈련도 하였는데, 매년 3월과 9월 만송정晩松亭이라는 정자에 노인들과 아이들을 함께 초대하여 아이들로 하여금 어른들이 보는 앞에서 《소학小學》의 〈동생행董生行〉을 낭독하도록 하는 조항도 있었다.

별장사목을 만든 서강西岡 이중후李中厚, 1865~1934는 '내 후손들이 여력이 생기면 이를 더 확장하라'는 가르침을 남겼다. LG전자 회장을 지낸 이헌조李憲祖 씨가 서강의 증손자라고 한다. 선대 어른의 유지를 지키기 위해 그는 근래에 사재 100억 원을 '실시학사實是學舍'와 '남명학연구소'에 기부했다. 사회에 환원하는 것이 선비 집안 후손의 도리라고 생각한 듯하다.

건축에 유교적 우주관을 녹이다

대구 둔산동 팔공산 자락이 동쪽으로 뻗어온 끝부분에 옻골 최씨 종택인 '백불암'이 자리 잡고 있다. 백불암의 건축 구조는 동양철학에 세뇌된 나를 매료한다. 음양오행 사상과《주역》64괘의 원리가 집의 구조에 녹아들어 있기 때문이다.

우선 사랑채가 음과 양으로 구성되어 있다. 사랑채는 잠을 잘 수 있는 방과 그 옆에 대청마루가 연결되어 있는데, 대청마루는 양陽이고, 방은 음陰에 해당한다. 대청마루는 더운 여름에 거주하는 공간이고, 방은 추운 겨울에 장작불 때고 잠자는 공간이다. 여름이 양이고, 겨울이 음이다. 마루와 방을 한꺼번에 보면 태극太極의 형상이다. 태극에는 음과 양이 서로 맞물려 있지 않던가.

널찍한 대청마루 전면에는 5개의 기둥이 있다. 하필 5개다. 이

것은 수·화·목·금·토 오행五行을 상징한다. 태극에서 음양이 나오고, 음양에서 오행이 나온다. 오행은 유교가 추구하는 가치인 인의예지신仁義禮智信을 상징한다. 오장육부의 오장五臟도 오행으로 설명되는 것 아닌가!

오행 다음에는 팔괘八卦다. 대청과 방이 이어지는 부분에 있는 기둥이 팔각기둥이다. 대청마루 건너 동편에도 팔각기둥이 있다. 팔괘 다음에는 64괘다. 사랑채를 둘러싼 서까래가 64개다.

옻골의 풍수적인 배치도 기가 막히게 해놓았다. 동네의 동쪽인 좌청룡 자락에는 느티나무를 심었다. 동쪽인 좌청룡은 양을 상징하는 자리다. 느티나무는 잎이 넓어서 음에 해당하는 나무로 본다. 좌청룡 자락에 느티나무를 심은 것은 양중음陽中陰의 이치를 보여준다. 강함 속에는 부드러움이 있어야 쓸모가 있는 법이다. 반대로 우백호 자락에는 소나무를 심었다. 소나무는 잎이 뾰쪽하다. 뾰쪽하면 양이다. 음중양陰中陽의 배합인 것이다. 겉은 부드러우면서도 속은 강해야 한다는 이치를 보여주는 식목植木이 아닌가. 느티나무와 소나무는 한민족이 사랑하는 양대 나무다. 동쪽과 서쪽에서 내려오는 계곡물이 합수合水되는 곳에는 동네 우물이 있고, 우물 옆에는 회화나무[槐木]가 서 있다. 회화나무는 귀신을 쫓아주는 상서로운 나무다.

옻골과 백불암을 뜯어보면 유교적 우주관이 반영되어 있지만, 겉으로 보기에는 그저 평범할 뿐이다.

가난을 해결해 준 경세가의 집

대구에서 존경받는 양반 집안이 동구 둔산동의 옻골漆溪에 400년 동안 세거世居해 오고 있는 경주 최씨 집안이다. 조선조에 대구에서 배출한 인물을 꼽자면 3명이 있는데, 시서詩書에는 서거정 선생, 도학道學에는 김굉필 선생, 경세經世에는 이 집안의 백불암百弗庵 최흥원崔興遠, 1705~1786이 꼽힌다. 그래서 백불고택百弗古宅이다.

팔공산 자락이 동남쪽으로 구불구불 30리를 내려와 집 뒤의 대암臺巖에서 한 번 기운이 뭉쳤고, 그 밑에다가 남향으로 동네 터를 잡았다. 소쇄瀟灑한 기운이 감싸고 있는 유서 깊은 동네에 들어서니 왠지 모를 뭉클한 감정이 올라온다. 마치 연어가 10만 리 태평양 바다를 떠돌다가 고향인 강원도 남대천南大川에 돌아왔을 때 느끼는 그 어떤 회귀감回歸感과 비슷한 느낌이라고나 할까! 옻

百弗古宅

골 최씨의 종가인 '백불고택百弗古宅' 이름은 '백불능百弗能 백부지百弗知'에서 유래하였다. '백 가지 능한 것도 없고, 백 가지 아는 것도 없다'는 뜻이다.

그러나 백불암은 이웃 동네의 가난을 해결해 준 경세가였다. 당시 500가구가 살던 대구 부인동夫仁洞의 굶주림을 해결하기 위하여 3년 동안 잘사는 사람 5인에게만 기부를 하도록 하였다. '선공고先公庫'를 설치하여 부자가 먼저 모범을 보이도록 하고 없는 사람들 세금을 대납해 준 것이다. 그런 다음에는 '휼빈고恤貧庫'를 설치하여 가난한 사람들에게 땅을 싸게 빌려주고 양식을 빌려주어 농사를 편하게 짓도록 하였다. 향약 8조목을 지키도록 하여 동네 기강을 잡았다. 그렇게 하자 유랑민이 없어졌다. 이 고마움을 전하기 위하여 부인동 사람들은 1750년대에서부터 1950년대까지 200년 동안이나 백불고택의 역대 종손이 사망하면 꽃상여를 만들어서 보내는 전통을 이어왔다고 한다. 왜정 때인 1941년 대흉년에는 13세世 종손인 최두영崔斗永이 조선식산은행에서 1만 5천 원을 대출받았다. 요즘으로 치면 20억 원에 해당한다. 굶고 있는 동네 사람 수백 명에게 공짜로 나누어주기 위해서였다. 6·25 때 좌익들이 이 집을 "불태우자"고 선동했지만, 동네 머슴들이 "그 집 어른이 우리한테 어떻게 했는데"라며 막았다고 한다. 대구는 뿌리가 살아 있는 고장이다.

직언直言 가풍家風

한국의 선비 집안 가운데 유달리 직언直言을 많이 하는 유전인자가 있는 집안이 있다. 안동의 '내 앞川[前]'에 사는 의성 김씨 집안이다. 이 집안 중시조인 청계공靑溪公이 정한 가훈도 파격적이다. '신하가 됐으면 부서지는 옥이 될지언정 온전한 기왓장으로 남지 말라[爲人臣子 寧須玉碎 不宜瓦全]'. 임금에게 직언해서 부서지는 옥이 되라는 말이다. '곧은 도리를 지키다 죽을지언정 도리를 굽히고 살지 말라[人寧直道以死 不可枉道以生]', '벼슬은 정3품 이상 하지 말고 재산은 300석 이상 하지 말라', '선비 집안에는 금부도사(대검찰청 검사)가 세 번은 찾아와야 한다'. 실제로 이 집안에는 임금이 보낸 금부도사가 영남 사림士林의 의견을 들어보기 위하여 세 번이나 찾아왔던 적이 있다.

청계공의 아들인 학봉鶴峯은 사간원司諫院의 정언正言이라는 벼슬에 있을 때 '요순걸주론堯舜桀紂論'의 직언으로 유명했다. 선조 임금이 "나를 선대의 군왕에 비교하면 누구와 비슷한가?"라고 언관言官들에게 물은 적이 있다. 한 언관이 "요순과 같은 성군입니다" 하고 대답했다. 그러자 학봉은 "요순도 될 수 있지만 걸주도 될 수 있습니다. 스스로 성인聖人인 체하고 직언을 멀리하는 병통이 계시니 이것은 걸주가 망한 까닭이 아니겠습니까" 하였다. 임금 면전에서 대놓고 돌직구를 날린 셈이다.

학봉의 손자인 김시추金是樞, 1580~1640는 당대의 실세 권력자인 이이첨의 목을 베어야 한다[請斬李爾瞻疏]는 내용의 '영남만인소萬人疏'(1621)의 소수疏首가 됐다. 소수는 만 명이 올린 상소문의 제일 앞에 서명하는 것을 의미한다. 여차하면 제일 먼저 죽어야 하는 역할이 소수다.

숙종 연간에는 '청음서원 훼파 사건'이 일어났다. 당시에 안동은 핍박받는 야당 도시이자, 남인의 본거지였다. 여기에 집권당 노론의 핵심 인물인 청음淸陰 김상헌金尙憲, 1570~1652을 기념하는 서원을 세우려고 하자 남인들이 들고일어났다. 신축 중인 청음서원의 대들보에다가 밧줄을 걸어 건물을 무너뜨려 버린 것이다. 학봉의 6세손인 김몽렴金夢濂이 제일 앞장섰다. '천김쟁쟁川金錚錚, 내 앞 김씨들은 쇳소리가 난다'이라는 평판은 이렇게 얻어졌다.

끊어질 듯 끊어지지 않는 전통

조선 시대 남인南人은 야당을 많이 했다. 노론老論은 여당을 주로 해 권세도 있고 돈도 있었지만, 만년 야당이었던 남인들은 벼슬도 못하고 배가 고픈 한사寒士였다. 노론이 모란이었다면, 남인은 추위 속에서 꽃을 피우는 매화였다고나 할까. 남인도 영남남인嶺南南人과 기호남인畿湖南人이 있다. 퇴계학파를 중심으로 하는 경상도는 인조반정 이후 대부분이 남인이었다. 노론이 거의 없었으므로 영남은 배는 고팠을지언정 단결은 잘됐다. 기호 지역은 노론과 남인이 6대 4로 섞여 있었다.

전라도에서는 삼국시대 이래로 가장 돈이 많았던 나주羅州가 남인의 본부였고, 나주를 둘러싼 주변 지역이 모두 노론이었다. 기축옥사(1589)와 무신란(1728)을 거치면서 나주의 남인들은 노론의 공격을 받고 초토화됐다. 노론의 집중 포화를 받고도 살아남은 기호남인 집안이 해남의 고산 윤선도 집안, 무안의 무안 박씨(다산茶山 전문가 박석무도 이 집안이다)다.

순천의 양천 허씨陽川 許氏 집안도 남인 집안의 가풍을 유지하고 있다. 국회부의장과 5선 의원을 지낸 허경만許京萬, 농림부장관과 학술진흥재단 이사장을 하면서 'HK Human Korea 교수' 제도를 도입한 허상만許祥萬, 《식객》으로 유명한 만화가 허영만許英萬이 이 집안 '만' 자 돌림이다.

순천 허상만 집에 놀러 가니까 방 안에 놓인 '책궤'가 눈에 들어온다. 책궤는 책을 보관하는 궤짝이다. 근래 소목장에게 600만 원을 주고 만들었다고 한다. 재료는 느티나무인데, 가로 106센티미터, 세로 53센티미터, 폭 55센티미터 크기다. 돈 궤짝과 비슷한 모양이다. 느티나무는 무늬가 좋아 자꾸만 만져보고 싶다. 책궤 가운데 박힌 검은색 열쇠 모양의 무쇠 장석이 무게감을 더한다. 이 책궤 안에는 기호남인 집안의 정체성을 보여주는 족보와 고서들이 차곡차곡 보관되어 있었다.

장관 시절부터 민속주에 애착을 가졌던 허상만은 요즘 납월홍매臘月紅梅라는 민속주 개발에 취미를 붙인 상태다. 납월은 12월이다. 선달에 피는 홍매는 끊어질 듯 끊어지지 않는 기호남인의 전통을 상징하는 술이라고 한다.

300년 칼바람에 절개를 지키다

경상도의 뼈대 있는 상류층 집안에 갔다가 특이한 족보가 하나 보관되어 있는 것을 보았다. 바로 남보南譜다. 안동의 학봉鶴峯 선생 집안에서 한 세트를 복사해 줘서 나도 집에 보관하고 있다. 기호畿湖 지방에는 없는 족보다. 조선 시대 경상도의 몇몇 남인 집안만 선별해서 수록해 놓은 족보다.

'남보'에 들어가 있는 집안들은 그 자부심이 강하다. 아주 명예로 여긴다. 조선 시대 노론의 온갖 회유와 압박에도 굴하지 않고 영남 남인의 절개를 지킨 집안이라는 긍지 때문이다. 1623년 인조반정 이후 거의 300년 동안 노론(서인)이 정권을 잡았다. 300년 동안 경상도의 남인들은 끊임없이 탄압에 시달리거나 회유의 대상이었다. 당시 노론은 집권 여당이었고, 남인은 벼슬 끈이 떨어진 만년 야당이었다. 남인 중에서도 기호남인畿湖南人은 가끔 벼슬을 했지만, 영남에 살았던 영남남인嶺南南人들은 철저하게 배제되었다. 과거에 합격해도 좋은 자리에 갈 수 없었고 미관말직이나 돌았다. 비중 있는 정승, 판서, 참판 자리에 경상도 남인들은 찾아보기 어려웠다. 영양가 없는 변두리 보직을 전전하던 남인들은 대부분 '더러워서 못 해먹겠다'고 말단 벼슬을 내던지고 향리에 내려와 책이나 읽으면서 여생을 보냈다.

반면에 기호학파 노론들은 돈 생기는 좋은 자리를 싹쓸이했다. 노론들은 기회가 있을 때마다 영남 지역에 도지사, 시장, 군수로 내려가 유력 남인 집안 사람들을 설득하거나 엄포를 놓아 남인당에서 탈당하게 하고 노론당으로 입당시키려는 작업을 했다. 춥고 배고픈 데다 오랜 야당 생활을 견디다 못한 몇몇 남인 집안들은 노론당에 입당 원서를 낼 수밖에 없었다.

노론당의 신임 안동부사가 안동에 내려오면 명망가 집안들은 근심에 찬 표정으로 시내에서 가까운 호계서원虎溪書院에 모여 대책 회의를 했다고 전해진다. '이번에는 무슨 꼬투리를 잡으려나. 절대로 압박과 회유에 넘어가지 말자'고 다짐했다. 그 결과물이 '남보'다. 여기에 들어간 집안들은 300년 칼바람 속에서도 남인으로서의 절개를 지킨 집안이라는 뜻이다. 영남에서 유독 탈당이나 신당 창당이 쉽지 않은 역사적 배경이 아닌가 싶다.

전영지최全嶺之最 집안

집안의 족보와 문중門中을 중시하는 전통은 서쪽보다는 동쪽이 훨씬 강하다. '전영지최全嶺之最'라는 말은 동양 고전과 한문에 해박했던 연민淵民 이가원李家源, 1917~2000 선생이 안동의 무실 류씨柳氏 집안에 대해 한 평가였다. '전 영남에서 최고'라는 뜻이다. 무엇이? 문집文集이 가장 많다는 말이다. 조선조에 걸쳐 자기 문집을 남긴 인물이 100여 명 이상 배출되었다고 한다.

문집이라는 책이 나오려면 목판 인쇄를 해야 한다. 그러려면 나무를 구해다가 말려서 각자刻字를 하는 과정을 거쳐야 한다. 이게 보통 일이 아니다. 목판에 새기는 각자는 그냥 하나. 비싼 인건비를 지불해야 한다. 종잇값도 비쌌다. 한 사람이 죽은 뒤에 그 문집을 간행하려고 하면 평균 논 10마지기 값이 들어갔다. 이 돈은 제자들이 십시일반으로 걷어서 마련했다. 경상도 산골짜기의 없는 살림에 1인당 돈 100만 원 이상을 모두 내야 하기 때문에 어지간한 학자는 쉽게 문집을 낼 수 없었다. 제자의 수가 많고, 그 제자들이 돈 내는 것을 아깝지 않게 생각할 만큼 돌아가신 선생의 인품과 학문적 수준이 높다고 여겨져야만 문집 발간이 이루어졌다.

무실 류씨는 원래 전주 류씨지만, 안동시 임동면의 수곡水谷에 자리 잡고 수백 년간 살았기 때문에 '무실(물실) 류씨'라고 부르는 게 관행이다. 내가 이 집안에 관심을 두게 된 계기는 류일곤柳佾坤 씨 때문이다. 영남 사대부 집안의 거미줄같이 얽혀 있는 보학譜學에 훤하다. 집안 간의 혼맥·학맥·지연·벼슬 관계 등에 대한 정보가 컴퓨터처럼 입력되어 있다. 호남 족보는 박석무 선생에게 물어보지만, 영남 족보는 류 선생에게 문의한다.

무실 류씨인 시인 류안진이 여고 시절 "양반 체면이 밥 먹여주느냐?"고 어머니에게 대들었더니 "밥 이상이지"라고 어머니가 대답하더라는 이야기를 인상 깊게 들은 바 있다. 보수 논객인 연세대 류석춘 교수도 이 집안이다. 이화여대 류철균(필명 이인화) 교수도 이 집안인데, 정유라 시험 답안지 조작 사건에 관여해 붙잡혀 가는 모습을 보고 나는 만감이 교차했다.

명필 名筆 집안

신언서판身言書判 가운데 왜 서書를 보는 것인가? 서예는 수십 년간 연마해야 한다. 오랜 시간 끈기와 집중력을 요구한다. 벼루 4~5개씩에 구멍을 뚫어야 한다. 글씨를 쓰다 보면 성현들이 남긴 경전과 석학들의 저술들을 공부할 수밖에 없다. 명필이 되려면 자기만의 독창성과 창의성이 있어야 한다. 글씨에는 이처럼 한 인간이 투입한 적공積功, 학문적 깊이와 인품, 창의력이 모두 들어가 있으므로, 한자 문화권에서 명필가名筆家를 존중하는 전통이 내려오는 것이다.

경주 안강의 명필 집안이 정사부鄭師傅 집안이다. 정사부는 쌍봉雙峯 정극후鄭克後, 1577~1658를 가리킨다. 그는 효종이 대군이었던 시절에 사부를 지내 주변에서 이 집안을 정사부 집안이라고 일

旌忠閣
1

2

良佐書堂
3

大見寶宮
4

青厓堂
5

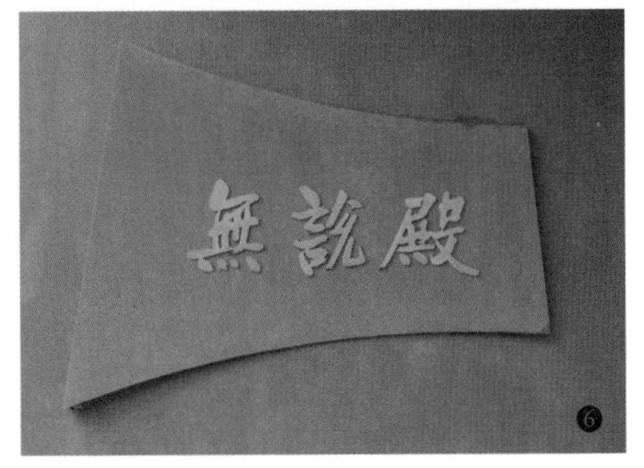
無說殿
6

컸게 되었다. 정사부는 학덕과 인품이 뛰어났지만 글씨도 명필이었다. 그 후손들 가운데 계속 명필이 배출되었다. 정극후의 손자인 사하당四何堂 정연鄭沇, 정연의 아들 매헌梅軒 정욱鄭煜, 정욱의 아들 노우魯宇 정충필鄭忠弼, 정충필의 아우 남와南窩 정동필鄭東弼이다. 정충필의 남아 있는 글씨는 양동마을 '旌忠閣정충각'❶과 골짜기 바위에 새긴 '光影臺광영대'❷이고, 정동필의 글씨는 여강 이씨 서당인 '良佐書堂양좌서당'❸ 현판 글씨다.

정사부 집안 후손이 정종섭 전 행정자치부 장관이다. 몇 달 전 범어사 주지인 수불修弗선사를 만나러 갔다가 우연히 그 자리에서 정 의원이 직접 쓴 '祖師殿조사전' 현판 글씨와 주련 글씨들을 처음 보게 되었다. 조선 선비의 빳빳함이 있으면서도 어눌한 소박함도 담겨 있고, 은근한 풍류도 느껴지는 글씨였다. 알고 보니 정종섭은 대구 비슬산 대견사의 현판인 '大見寶宮대견보궁'❹, 동화사의 '靑虛堂청허당'❺, 강화도 전등사의 '無說殿무설전'❻도 썼다. 5세 때부터 《정몽유어正蒙類語》를 보면서 글씨를 익혔다고 한다. 명산대찰의 현판 글씨는 아무나 쓰는 게 아니다. 그는 동양 삼교에 해박하다. 장자莊子의 좌망坐忘, 선불교 임제, 조주선사의 어록, 《논어》의 〈학이편〉을 좋아한다. 정 장관의 글씨를 보면서 한국의 선비 집안 전통이 다 끊어진 것은 아니라는 생각이 들었다.

3장

치治 국國

나라를 다스리다

治國

압인지상壓人之相, 위민지상慰民之相

사람을 볼 때 신언서판身言書判을 보는 전통이 있다. 신身이란 풍채다. 얼굴 생김새, 체격, 목소리 톤, 피부 빛깔 등이 신에 포함된다. 사람은 복잡한 동물이지만 우선 당장 눈에 보이는 요소로 예단해 보는 것이다.

동양 사회에서 지도자로 꼽았던 풍채는 '압인지상壓人之相'이다. 상대방을 압도하는 관상과 체격이다. 키도 크고, 목소리도 굵으며, 눈매도 부리부리해서 대중 앞에 섰을 때 첫눈에 상대방을 꼼짝 못하게 하는 인물이 동양의 지도자상이었다. 내가 만나본 정치인 가운데 대표적으로 '압인지상'을 지닌 인물이 송영길이다. 키도 180센티미터가 훌쩍 넘고 체중도 거의 100킬로그램에 육박한다. 악수를 해보니 손이 솥뚜껑만 하다. 눈매도 예사롭지 않다. 말 타고 청룡도를 휘두르는 《삼국지》의 장수 같은 인상이다. 거기에다 명문대 총학생회장 출신이다. 먹물도 많이 먹었다. 호학好學하는 기질이다. 언젠가 송영길을 만나 "황소 같은 관상이다. 진흙땅에 한쪽 바퀴가 빠져 있는 수레를 힘을 써서 끌고 올라가는 기세다"라고 말한 적이 있다. 그러나 2014년 인천시장 선거에서 유정복에게 졌다.

송영길과 반대되는 풍채가 강원도지사에 재선된 최문순이다. 최문순은 키도 그리 크지 않고 체격도 마른 편이다. 생긴 것도 나무꾼처럼 소박하게 생겼다. 전통적인 지도자 풍채와는 거리가 있다. 최문순과 같은 관상을 뭐라고 표현해야 할까? '위민지상慰民之相'이라고 해야 할 것 같다. '백성을 위로해 주는 관상'이란 뜻이다. 압인지상의 반대다. 최문순은 만나는 상대방이 부담을 느끼지 않는 얼굴이다. 겸손이 몸에 배어 있다. 방송국 사장 출신이면 목과 어깨에 힘이 들어갔을 법도 한데 전혀 그렇지 않다. 언젠가 최문순이 방송국 사장을 할 때, 1층 로비에서 개그우먼 김미화를 만났다고 한다. 김미화에게 방송에 출연해 주어서 고맙다고 90도로 허리를 굽혀 인사를 드렸다는 일화가 전해진다. 최문순을 만나면 돈이라도 얼마간 손에 쥐여주고 싶은 마음이 든다.

21세기 민주주의 사회에서는 '압인지상'보다는 '위민지상'이 선거에 훨씬 유리한 것 같다.

자기집필능력 自己執筆能力

"앞으로 대통령이 될 사람이 갖추어야 할 자질 한 가지를 꼽는다면 무엇입니까?"

"자기집필능력이라고 생각합니다. 연설문의 대강은 자기가 쓸 수 있어야 대통령 자격이 있다고 봅니다."

총리를 지낸 분과 점심 식사를 하다가 나눈 이야기인데, 굉장히 공감되는 지적이었다. 자기가 할 말의 연설문 정도는 자신이 집필할 수 있어야 한다. 세부적인 부분까지는 참모가 다듬는다고 하더라도 중요한 대국민 메시지의 골격 정도는 자기가 짤 수 있는 지성이 있어야지, 그것도 못하면 그게 무슨 지도자란 말인가!

'자기집필능력'을 갖추려면 어떤 전제조건이 필요할까? 먼저 독서가 이루어져야 한다. 유교 문명권의 특징은 '독서인讀書人'을 양성하는 데에 있었다. 유교의 도 닦는 방법은 기도나 명상, 단전 호흡이 아니라 바로 매일 새벽부터 경상經床에다 경전과 책을 놓고 소리 내어 읽는 방법이었다. 책을 읽는 행위야말로 인간을 변화시킬 수 있는 가장 보편적인 방법이라고 여겼던 것이다.

나는 '책상물림' 팔자를 타고나서인지는 몰라도 동굴에 가서 기도도 해보았고, 나름대로 명상도 해보았지만 결정적인 효과를 못 보았다. 결국은 책 읽는 것이 기도요, 도 닦는 것이요, 종교적 수행이라는 사실을 깨달아가고 있다. 독서를 하다 보면 어휘 구사력, 논리의 전개, 사안을 보는 시야가 확대된다. 독서는 과거 역사에서 가장 지성적이었던 인물들과의 대화다. 수평적 대화가 식사 자리, 차茶 자리에서 이루어진다면 수직적 대화는 독서로 이루어진다. 골동품 중에서도 최고의 썩지 않는 골동이 고전이다.

유교 문화권의 과거科擧제도라는 것도 따지고 보면 자기집필 능력을 테스트하는 일이었다. 조선조 왕들이 신하들과 고전의 내용을 놓고 토론하는 경연經筵도 그렇다. 왕 노릇 하느라고 매일 업무가 바쁘니까 아예 공식 스케줄에 신하들과의 독서 토론 과목을 집어넣어서 의무적으로 하도록 한 것이 조선의 정치제도였다. 고대 로마제국의 초석을 닦은 율리우스 카이사르를 역사상 가장 위대한 지도자로 꼽는 사가史家가 많다. 그 이유 중 하나가 피 튀기는 전쟁터에서도 《카이사르의 갈리아 전쟁기》와 같은 명문장을 남겼기 때문이다. 우리는 언제나 이런 지도자를 만날까?

연설력과 문장력

그리스·로마의 전통 이래로 서양의 도시에는 광장이 발달되어 있다. 광장은 대중이 모일 수 있는 공간이다. 정치 지도자는 이 광장에서 군중을 설득하였다. '데모크라시democracy'라는 것은 광장에서 지도자가 대중을 설득하는 과정에서 이루어진 정치 형태다. 민주주의에서 광장은 반드시 필요하다. 설득을 하려면 말을 잘하는 능력이 요구된다. 대중을 움직일 수 있는 힘을 지닌 연설을 잘하는 능력이 지도자의 필수 자질이 된다.

셰익스피어의 《줄리어스 시저Julius Caesar》에 보면 로마의 시저(카이사르)가 암살된 직후에 '포로 로마노' 광장에서 로마 시민을 상대로 이루어진 두 진영의 유명한 연설이 나온다. 시저 반대파인 브루투스와 시저 찬성파인 안토니우스의 연설이 그것이다.

《줄리어스 시저》에는 안토니우스의 연설이 브루투스의 연설을 압도한 것으로 묘사된다. 물론 셰익스피어의 작가적 상상력이 가미된 부분도 있겠지만, 서양의 연설 전통을 짐작할 수 있게 해준다.

동양의 한자 문화권에서는 사마천, 이태백, 최치원, 소동파, 이율곡처럼 문장력 있고, 시를 잘 쓰는 사람들이 대접받았다. 이들이 남긴 문장들은 지금도 암송 대상이다. 이는 답안지로 시험을 치르는 과거제도와 관련이 있다. 과거 시험에 합격하려면 일단 문장력이 있어야만 되었기 때문이다. 그러나 재치 있게 말을 잘하면 자칫 교언영색巧言令色, 또는 선동가로 폄하될 가능성이 있었다. 말을 적게 하는 것이 미덕으로 여겨졌다. 문장가 중에 말을 잘 못하는 눌변가訥辯家가 많은 것도 이러한 전통과 무관하지 않다.

근래에 종편 방송이 생기면서 말을 잘하는 사람이 부각되고 있다. 그동안 정치 이슈를 신문에서 글을 잘 쓰는 논객論客들이 지면을 통하여 주도해 왔다면, 이제는 종편의 시사 토론 프로에 등장하는 말 잘하는 설객說客들에게로 상당 부분 정치 담론 주도권이 넘어온 것으로 보인다. 종편의 주력부대는 시사 토론 프로이고, 시사 토론은 제작비가 적게 들 뿐만 아니라 어떤 이슈가 발생할 때마다 시간제한 없이 프로그램 편성이 가능하기 때문이다. 종편 때문에 '글'에서 '말'로 권력이 이동되고 있다.

참나무 같은 지도자를 꿈꾸다

위스키는 발효할 때 참나무Oak로 만든 통 속에 보관한다. 술은 맛도 중요하지만, 그 향기도 중요하다. 위스키 향기를 맡을 때마다 '영국 사람들은 어떻게 이 향을 좋아하게 되었을까?' 하는 의문을 품었다. 한국의 술에는 없는 향이기 때문이다. 중국의 고량주 향하고도 다르다. 위스키 향기는 참나무통에서 숙성된 것이다.

영국인들은 어떻게 참나무통에다 술을 숙성시킬 생각을 처음 하게 되었을까? 유럽의 고대 샤머니즘인 켈트가 로마 기독교에 밀리고 밀려서 마지막으로 숨어든 곳이 바로 바다 끝에 있었던 섬나라 영국이다. 아일랜드와 스코틀랜드 등지에 켈트 문화가 가장 많이 보존되어 있는 이유다. 켈트의 사제를 드루이드druid라고 하는데, 이 드루이드가 우리 식으로 해석하면 산신령급이다. 주

술, 마법, 호풍환우呼風喚雨의 영적 능력을 지니고 있었다. 기원 전후에 카이사르를 비롯한 로마의 장군들이 영국에 들어가 켈트족과 전쟁할 때 드루이드의 영적인 능력 때문에 아주 고전을 한 것으로 나온다. 이들은 또한 죽으면 다시 몸을 받아 태어난다는 전생轉生의 생사관을 가졌다. 죽음에 대한 두려움이 없어서 로마군이 힘들었다.

그 드루이드를 상징하는 나무가 바로 참나무(오크)였다. 고대 영국은 참나무 숲이 무성했고, 드루이드는 참나무 숲에서 살았던 모양이다. 참나무는 뿌리가 깊고 넓다. 하늘로 가지도 무성하게 뻗는다. 그래서 참나무는 지하 세계와 천상 세계를 연결하는 신목神木으로 숭배되었다. 재질이 단단해서 방패로 사용하기도 하였다. 아서왕의 원탁圓卓도 참나무였다고 한다. 특히 영국 참나무에 기생하는 겨우살이는 만병통치의 영약靈藥으로 대접받았다. 위스키는 신목 참나무의 정기가 들어간 술이 되는 셈이다.

조선 시대에 참나무에서 열리는 도토리와 상수리는 흉년에 대비한 구황救荒 식품이었다. 가뭄이 들어도 참나무는 견딘다. 도토리묵과 죽은 흉년에 목숨을 부지하게 해주는 음식이었다. 경북 영양군 석보면 두들마을의 낙기대樂飢臺에 가보면 수백 년 된 참나무들이 서 있다. 재령 이씨들이 흉년에 밥 굶는 동네 사람들을 먹이기 위하여 마련한 비상 식품이었다. 올해에 참나무 같은 지도자가 나왔으면 좋겠다.

관찰사의 결단

경북 왜관읍에 있는 광주 이씨 '돌밭종가'에서 수백 년 세월의 풍상을 겪은 고목 세 그루가 나그네의 방문을 반겨주었다. 고택에 서 있는 회화나무, 백일홍, 향나무는 선비 집안을 상징하는 나무였다. 회화나무는 장원급제한 사람에게 임금이 내리던 어사화御賜花를 상징하고, 백일홍은 선비의 일편단심一片丹心을, 향나무는 인품에서 우러나는 향기를 상징한다. 콩기름을 바른 한지 장판과 고서古書와 전적典籍이 서가書架에 가득 찬 종손 이필주李弼柱의 방은 세상이 아무리 변했어도 영남 선비 집안의 소박한 품격은 아직 살아 있음을 보여주고 있었다.

당쟁이 치열했던 숙종조. 종손의 12대조인 이담명李聃命, 1646~1701은 1689년 기사환국己巳換局으로 영남 남인들이 조정에 복귀

할 무렵 경상관찰사로 임명되었다. 당시 영남의 기근이 심각해 매일 굶어 죽는 사람이 속출했고, 그가 구휼救恤 책임을 맡았던 것이다. 이때 마침 서울 조정으로 들어가는 세금을 실은 세곡선稅穀船이 낙동강을 거슬러 올라가고 있었다. 순천, 구례를 비롯한 전라좌도 지역 세금으로 받은 쌀을 실은 배로, 서해안 바닷길로 가지 않고 내륙인 낙동강을 거슬러 상주를 향하여 올라가는 중이었던 것이다. 관찰사 이담명은 이 세곡선을 대구 서쪽의 화원나루터에다 정지시키고 기민饑民들에게 쌀을 나눠주었다. 서울 궁궐로 들어가야 할 국가 세금이었지만 우선 당장 굶어 죽는 사람들을 살려야 한다는 생각에 내린 위험한 결단이었다. 임금의 결재를 받지 않은 결정이었다. 국가 세금을 관찰사 마음대로 썼다는 죄를 뒤집어쓸 수 있는 모험이었다. 반대 당파인 노론이 십중팔구 이 사건을 문제 삼을 것이었다. 그러나 이담명은 '서울까지 이 세곡이 갔다가 다시 영남으로 오려면 시간이 한참 걸린다. 그 동안에 다 굶어 죽는다'는 확신이 있었기에 조정의 탄핵을 감수하고 세곡선을 정지시켰던 것이다. 그 결단 덕분에 수만 명이 목숨을 구할 수 있었다.

종손의 말에 따르면 나중에 이담명은 탄핵을 받았지만 혐의 없음으로 풀려났다고 한다. 영남 유림儒林이 지금까지 기억하고 있는 사건이다.

부자의 학교 설립

왜정 때 조선 부자들은 무엇을 하였는가? 모두 다 친일親日만 한 것은 아니다. 학교를 설립한 경우가 많다.

평안북도 정주에서 태어나 10대 중반부터 유기상鍮器商 점원을 하였던 남강 이승훈. 밑바닥 인생에서 출발하여 장사로 돈을 모았다. 그 돈으로 세운 학교가 그 유명한 오산학교다.

함경북도 명천 출신의 보부상褓負商이었던 이용익. 출신은 보따리장수였지만 나중에 보성학원을 세웠다. 그 보성학원을 인수하여 고려대학으로 키운 사람이 인촌 김성수다. 고려대학에는 인촌과 뜻을 같이한 호남 대지주들의 돈도 같이 들어가 있었다. 대표적으로 '조선어학회 사건' 주도자인 서도 장씨 장현식이 김제·만경의 들판을 소유했던 대지주였고, 장씨들 돈의 상당액도 고려

대학 인수에 들어갔다. 인촌에 자극받아 전남 암태도岩泰島의 지주였던 문씨 집안도 목포에 문태고등학교를 세웠다.

순천의 만석꾼이었던 우석 김종익은 '8대 동안 정승이 나온다'는 명당 터를 입수하여, '나만 잘될 것이 아니라, 여러 인재가 나와야 한다'며 순천고등학교를 세웠다. 현재의 순천대학도 또한 김종익이 세웠다.

여수의 만석꾼 후손인 봉소당鳳巢堂 김재호는 선친의 뜻을 이어받아 1970년대에 진성여고와 한영고를 세웠고, 현대그룹 현정은의 조부인 무송 현준호는 전남대학의 초석을 다졌다. 대원군의 스폰서였던 전주의 '백白부자'는 쌀장사를 해서 번 돈으로 이리에 남성고등학교를 세웠다. 평소에 인촌 집안과 교류가 있었던 경주 최부자 가문의 문파 최준은 해방 후에 대부분의 재산을 투입하여 대구대학교(영남대학교 전신)를 설립하였다. 진주 지수면 허씨 집안의 만석꾼 효주 허만정은 1924년에 일신여자고등보통학교(현 진주여고)를 세웠는데, 일제는 이 학교를 강제로 빼앗아 공립학교로 전환했다. 허만정의 아들인 허완구는 1995년에 자신의 사재 120억 원을 공립인 진주여고에 투입해 학교 건물을 새로 지었다. 선친의 유지를 계승하는 것이 효도라고 여겼기 때문에 돈을 생각하지 않았다.

한국이 가진 것은 사람뿐이다. 해방 후에 이만큼 나라가 발전한 배경에는 교육 사업의 영향이 컸다고 봐야 한다.

신재효申在孝의 노블레스 오블리주

전북 고창에 가면 743미터 높이의 방장산方丈山이 있는데, 멀리서 바라볼 때마다 '산이 참 점잖고 좋다!'는 느낌을 받는다. 큰 책상 또는 창고가 서 있는 것처럼 평평한 모양이기 때문이다. 오행으로 보면 토체土體 형국이다. '토체'는 재물과 공평함을 상징한다. 그래서 이 산의 옛 이름이 '네모반듯하고 평등하다'는 의미의 방등산方等山이었나 보다.

고금을 막론하고 공평함에서 카리스마가 나온다. 그 방장산 자락의 끄트머리에 동리桐里 신재효申在孝, 1812~1884의 고택이 있었다. 지금은 사랑채 일부였던 돌담 초가집만 남아 있지만 당시에는 4천 평의 저택이었다고 한다. 정원에는 커다란 괴석들을 빙 둘러 쌓아서 조성한 석가산石假山과 여름이면 연꽃이 만발하고

잉어들이 뛰노는 연못이 있었다고 하니, 그 풍류와 스케일을 짐작할 수 있다. 당시 신재효는 5천 석의 부자였다. 그렇지만 신분은 양반이 아닌 중인 계급의 호장戶長이었다. 돈도 있고, 학식도 있고, 경륜과 포부도 있었지만 어디까지나 중인이었던 것이다. 신재효는 50대 중반부터 그 신분 차별의 한을 판소리로 풀었다. 4천 평의 집 안에다가 광대, 기생, 소리꾼 들을 불러 모아놓고 판소리를 가르쳤다. 무료로 숙식을 제공하고 공부까지 시켜준다는 소문을 듣고 전국에서 재인才人들이 모여들었다. 많을 때는 300여 명이 신재효 저택인 동리정사桐里精舍에서 먹고 잤다고 전해진다. '딴따라' 전용 숙소가 무려 74채나 될 정도였다.

조선 후기는 삼정三政이 문란하고 탐관오리들의 착취가 심해서 밑바닥 인생들은 굶어 죽던 시대였다. 예인들을 불러 공짜로 먹여주고, 한문도 공부시켜 주고, 공연도 시키고, 잘하는 신인을 발탁하여 대접까지 해주니 전국에서 모여들 수밖에 없었다. 신재효는 이 과정에서 〈심청가〉, 〈흥부가〉, 〈수궁가〉, 〈춘향가〉, 〈적벽가〉, 〈변강쇠가〉와 같은 판소리 여섯 마당을 정리하였다. 천민들의 노래를 양반 식자층도 감상할 수 있는 수준으로 끌어올린 것도 신재효의 작업이었다. 그러면서도 부패한 양반에 대한 조롱을 녹여 넣었다.

신재효가 죽고 나서 10년 후에 이 지역에서 전봉준의 동학혁명이 폭발하였다는 것은 시사하는 바가 크다.

이순신 장군의 리더십

영화 〈명량〉을 보면서 이순신 장군의 리더십을 생각하게 되었다. 오늘날 남한과 북한, 영남과 호남 그리고 좌와 우가 모두 인정하고 존경할 수 있는 인물이 과연 누가 있단 말인가?

있기는 있다. 바로 이순신이다. 어느 한쪽에서도 태클을 걸 수 없는 지도자다. 중국 공산당과 대만 국민당 양쪽에서 모두 존경하는 인물이 쑨원孫文이다. 쑨원 이야기가 나오면 치고받던 양쪽이 서로 침묵의 공감대를 형성한다. 또 일본이 위기에 처할 때마다 드라마나 영화에 단골로 등장하여 원기를 북돋아주는 인물은 메이지유신의 주역, 사카모토 료마坂本龍馬다. 근세 일본의 내전을 막고 세계 역사상 매우 드문 평화적 정권 교체를 이루어낸 인물이기 때문이다. 이들처럼 우리에게는 이순신이 있는 것이다.

명량해전은 불과 13척의 배로 거의 20배가 넘는 규모의 왜군을 물리쳤던 영화 같은 전투였다. '울돌목'이라는 매우 빠른 해류가 흐르는 자연 지형을 이용해 이겼다는 것은 알고 있었지만 어떻게 이겼는지 그 자세한 과정은 몰랐는데, 〈명량〉을 보니까 그 해상 전투 과정의 세부적인 모습이 묘사되어 있었다. 영화 제작진이 고증에도 상당히 신경을 썼다는 이야기를 들었다.

서양 해전사海戰史에서 꼽는 전투가 여럿 있지만, 나는 기원전 5세기에 아테네 해군과 페르시아 해군이 정면으로 붙었던 '살라미스해전'을 가장 비중 있게 생각한다. 이 전투도 아테네 장군 테미스토클레스가 육지와 섬 사이의 좁은 해협이라는 지형적 조건을 이용해 아군보다 3~4배 많은 페르시아 해군을 격파한 것이다. 《삼국지》의 '적벽대전'도 동남풍이라는 바람의 방향을 이용한 제갈공명의 승리였다.

이순신에게 죽은 동생의 원한을 갚기 위하여 명량해전에 선봉으로 참가한 일본 해적의 '오야붕' 구루시마 미치후사來島通總는 당대 최고 정예 병력을 거느리고 왔지만, 본인도 결국 목이 잘려 효수되는 최후를 맞는다. 이때 죽은 왜군들이 진도 왜덕산倭德山에 묻혀 있다. 현재 히로시마 일대에서 주로 조선업을 하는 해적 후손들이 그때 죽은 선조들의 부대 명단을 지금도 보존하고 있는 것을 보았다. 이순신 장군의 영령이시여! 우리 민족에게 힘을 주소서!

장자방張子房의 어려움

춘광엄권회천고春光掩卷懷千古, 난작인간장자방難作人間張子房. 봄볕 아래서 책을 덮고 천년 역사를 회고해 보니, 인간으로 태어나서 장자방 노릇 한다는 것이 정말 어렵구나.

한때 '장자방' 소리를 들었던 모 인사의 최근 행보를 보면서 이 구절이 생각났다. 과거 사례를 보면 천시天時를 파악하는 것이 가장 중요했다. 천시는 시대정신이기도 하다. 중국 근대의 허운 선사虛雲禪師, 1840~1959는 120세를 살다간 대大도인인데, 제자들에게 마오쩌둥 정권이 들어서기 전부터 '새롭게 시대가 바뀌고 있다. 나는 다가오는 새로운 정권(마오쩌둥)과 맞지 않는다'는 예언을 했다고 전해진다. 미시적인 차원의 천시가 바로 타이밍이다. 지금 내가 나갈 때인가 물러날 때인가를 아는 것도 중요한 문제다. 이걸 '시중時中'이라고 하는데, 컨설팅 회사가 가장 어렵게 여기는 부분이 바로 이 시중이다.

그다음에는 사람을 보는 안목인 지인지감知人之鑑이다. 이를 선천적으로 타고난 경우가 '생이지지生而知之'다. 하늘의 은혜를 받거나 불보살의 가피加被, 또는 접신接神이 된 사람이라야만 가능하다. 배신을 할 사람인지, 끝까지 갈 사람인지, 지금은 별것 없지만 조금만 도와주면 나중에 크게 능력을 발휘할 사람인지, 권력을 잡으면 그 권력을 같이 나누어 먹을 사람인지 독식할 사람인지 등등을 미리 내다보는 능력이다. 내가 만나본 사람 가운데 '지인지감' 능력이 뛰어났던 인물을 꼽는다면 몇 년 전에 죽은 통일교의 문선명 총재다.

타고난 능력이 없으면 관상의 대가를 따라다니면서 배워야 한다. 대원군의 장자방을 해주었던 백운학白雲鶴, 이승만 박사에게 동작동 국립묘지 터를 잡아준 지창룡도 관상의 고수였다. 현대판 화타로 알려진 장병두옹도 1945년 해방 전후 무렵에는 서울에서 관상가로 이름을 떨쳤는데, 이후 김영삼 전 대통령과 인연이 되어 그가 20대 나이로 국회의원이 될 때 장병두의 도움이 있었다.

장자방은 수數가 틀리면 과감하게 보따리를 싸서 초야에 묻혀야 한다. 공성신퇴功成身退. 물러나야 할 때인데도 불구하고 안 물러나면 보기에 참 민망하다.

마피아와 관官피아

'관官피아'라는 신조어를 대하면서 원조元祖 '마피아'의 의미를 생각하게 되었다. 내가 이탈리아 남부를 여행하면서 현지 해설사에게 들은 바에 의하면, 마피아는 '불쌍한 내 딸'이라는 뜻이라고 한다. 마피아의 고향이 시칠리아 섬이고, 시칠리아 사투리로 '불쌍한 내 딸'이란 단어가 바로 마피아라고 했다.

시칠리아 섬은 이탈리아 남쪽 끝에 있다. 북아프리카에 더 가깝다. 고대 지중해권 해상 교통의 요충지에 위치하고 있었기 때문에 수많은 외세의 침입을 받았던 지역이다. 외세의 침입을 받으면 남자들은 죽거나 노예로 팔려가고 여자들은 강간을 당한다. 강간당하는 딸을 지켜보면서 엄마·아빠가 외쳤던 울부짖음이 바로 '마피아'였던 것이다. 불쌍한 내 딸을 지키기 위해서 시칠리아 주민은 스스로 무장을 해야만 하였다. 여기에서 지하 비밀결사 조직이 생겨날 수밖에 없었고, 이 비밀결사가 마피아가 된 것이다. 만주족이 중국을 점령하여 청나라를 세웠을 때, 명나라의 한족漢族들이 천지회天地會라는 지하 비밀결사 조직을 세웠던 것과 같은 맥락이다.

마피아는 이탈리아에서 대략 700년의 역사가 있다. 나폴리를 비롯한 남부 이탈리아는 수백 년 동안 거의 마피아적인 협객俠客 정서가 지배하고 있었다고 한다. 이탈리아는 가리발디가 1800년대 중반에 전국을 통일하기 전까지 4천 개의 도시국가로 나뉘어 군웅할거群雄割據하던 나라였기 때문에 전국적인 치안 조직이 없었다. 남부 지역에는 특히 마피아의 행동 양식과 정서가 깔려 있었던 것이다. 이탈리아반도 전체의 풍수를 보더라도 중부인 토스카나 쪽보다는 남쪽의 산세가 훨씬 험하고 힘이 있다. 인물과 무장武將이 남쪽에서 많이 배출되는 지세였다.

독재자 무솔리니는 정권을 잡고 마피아 소탕 작업에 들어갔다. 위협을 느낀 남쪽 마피아들이 살길을 찾아서 미국으로 도망갔고, 그들이 배를 타고 떠나던 마지막 항구가 바로 나폴리의 산타루치아Santa Lucia 항구였다. 〈산타루치아〉는 미국의 마피아들이 고향 생각을 하며 부르던 노래기도 하였다.

시칠리아 마피아가 침략자로부터 딸들을 지키기 위한 조직이었다면, 한국의 '관피아'는 기득권을 유지하기 위한 결사結社다.

환관宦官 권력權力

환관宦官은 남자의 생식기능이 제거된 벼슬아치를 일컫는다. 중국 환관은 음경陰莖과 고환睾丸이 모두 제거된 상태였다. 사마천이 당했다고 하는 궁형宮刑은 아마도 이 상태였을 것이다. 임금이 사는 집을 궁궐宮闕이라고 하듯이, 궁宮은 인체의 임금 부위에 해당하는 생식기를 가리킨다. 궁합宮合은 생식기의 결합인 것이다.

조선 내시內侍, 환관는 음경은 남아 있고 고환만 제거된 상태였다고 전해진다. 가정도 꾸리는 것이 허용되었다. 성생활은 어떻게 했을까? 인간이 죽음을 극복하는 방법은 자식을 낳는 일이다. 환관은 이처럼 중요한 생식기능을 거세去勢한 대가로 벼슬을 얻었다. 그것도 구중궁궐 안에서 근무할 수 있는 특별한 벼슬이었다.

유럽에서는 궁궐 내부에 이처럼 거세된 남자를 근무하게 하는 제도가 없었던 것으로 안다. 기독교 영향으로 왕이라도 일부일처제를 지켜야 했기 때문에 유럽 궁궐에는 수백 명 또는 수천 명의 여자 후궁이 존재할 수 없었다. 대신 유럽에는 다른 용도의 거세가 있었다. 이탈리아어로 '카스트라토castrato'라고 해서 '거세가수去勢歌手'가 있다. 거세를 하면 남자도 여자와 비슷한 고음을 낼 수 있다고 한다.

환관은 수천 명의 여자와 성관계를 할 수 있는 특권을 쟁취한 동양의 전제군주 제도에서 필요한 직책이었다. 환관 제도가 가장 발달한 나라는 중국이고, 조선은 그다음쯤 될 것이다. 밤이 되면 궁궐 내부는 왕을 빼고는 거의 여자들만 있는 금남禁男의 공간으로 변하므로 밤에도 이곳에서 생활하는 남자들은 거세를 할 필요가 있었던 것이다. 환관은 본능적 욕구를 포기한 대신 벼슬이라는 사회적 욕구를 충족한 셈이다. 돈과 권력 탐닉을 통해 성 기능 상실을 보상받으려는 심리 기제가 작동할 수밖에 없다. 중국사를 훑어보면 환관과 외척外戚이 양대 권력 집단이었고, 이 두 집단 때문에 나라가 망했다고 결론 내릴 수 있다.

아시아에서 가장 민주주의가 발달했다고 하는 한국에서 '십상시十常侍'라는 고대 중국 환관들이 튀어나와 인구에 회자된다는 것은 좋지 않은 조짐이다.

상이암上耳庵, 이성계의 기도

이성계가 고려 말 전국구 인물로 확고한 명성을 얻게 된 계기는 황산대첩荒山大捷이다. 1380년 9월 전북 남원 근처의 황산에서 벌어진 이 전투에서, 이성계는 소년 장수로 유명했던 일본 장수 '아지발도阿只拔都'를 죽인다. 당시 고려의 마지막 카드였던 이성계까지 아지발도에게 패했더라면 수도 개성도 왜구에게 공격당할 수 있는 상황이었다. 황산대첩은 이성계 일생에서 가장 힘들고 아슬아슬한 전투였던 것이다.

목숨을 걸어야 하는 상황이 되면 인간은 하늘에 기도를 드린다. 이 전투 무렵에 이성계는 임실군에 있는 상이암上耳庵이라는 암자에서 기도를 드렸다고 전해진다. 황산대첩 현장과 그리 멀지 않은 곳이다. 상이암은 주변 산세가 구룡쟁주九龍爭珠의 형국이

다. 9마리 용이 여의주를 서로 차지하려고 다투는 형국인데, 그 여의주는 상이암의 법당 앞에 조그만 바위 봉우리 형태로 솟아 있다. 이 바위 봉우리를 여의봉如意峰이라고 부른다. 여의봉이 있어서 기도발이 잘 받는다. 이성계는 상이암에서 기도를 하다가 하늘로부터 '앞으로 네가 왕이 된다'는 소리를 귀로 들었다. 그래서 암자 이름도 '상이암'이 되었다. 조선 시대 불교가 탄압받을 때에도 상이암은 유생들에게 보호받았다. 태조 이성계가 계시받은 곳이었을 뿐만 아니라, 신라 말 도선국사道詵國師 이래로 영검한 기도터라고 소문나 있었기 때문이다.

육사를 나와 육군 중령이었던 40대 중반의 김성회는 그렇게 소망하던 대령 진급이 안 되자 실의에 빠진 상태였다. 우연히 '무장에게 특히 영검하다'는 소문을 듣고 상이암을 찾게 되었다고 한다. 주지스님 동효東曉에게 법문을 들었다. '모든 인간은 잘났거나 못났거나 평등하다. 차별하면 안 된다', '계곡의 골짜기가 깊어야 물을 많이 담을 수 있다', '인생은 시소게임과 같아서, 내가 올라가려면 상대는 무거워야 한다'는 세 가지 내용이었다. 상대를 무겁게 하려면 상대방을 배려하고, 칭찬하고, 물심양면으로 공을 들여야 한다는 말이 가슴에 박혔다고 한다. 이후로 60주를 한 주도 안 빠지고 상이암에 가서 기도를 하였다. 김성회는 현재 공기업체 대표로 있다.

이름을 반대로 짓는 관습

우리 선조는 이름을 반대로 짓는 관습이 있었다. '개똥이', '소똥이'가 그런 식이다. 귀한 자식일수록 이름을 천하게 지어야만 액운을 멀리할 수 있다고 보았다. 우주에 내포된 이중률二重律의 이치를 염두에 두었기 때문이다. 빛이 있으면 그림자가 있고, 행복이 있으면 불행도 반드시 따라온다고 믿었던 것이다. 비천한 이름을 지어버려서 어두운 그림자를 사전에 액땜해 버린다. 노태우 전 대통령 이름도 그렇다. 태몽에 큰 용을 보았는데, 처음에는 태용泰龍으로 지을까 하다가, 반대 의미인 어리석을 우愚 자를 써서 태우泰愚라고 하였다는 이야기가 전해진다.

내가 보기에는 무성武星이라는 이름도 그렇다. 북두칠성 가운데 여섯 번째 별이 무곡성武曲星이다. 굳센 무武의 곡조가 담겨 있는 별이 무곡성 아닌가. 주나라 무왕武王이 무곡성 기운을 타고났고, 마麻를 캐다가 선화공주를 아내로 맞이하여 제왕 자리에 올랐던 백제 무왕武王도 있다. '전이불항戰而不降, 싸움이 붙으면 항복을 하지 않음의 팔자'를 지녔던 노무현은 이름 그 자체에 아예 굳셀 무武자를 노출시켜 버렸다.

그러나 김무성의 타고난 팔자에는 무武가 부족하다. 문文에 가깝다. 부족한 전투력[武]을 보강하는 차원에서 이름을 지을 때 '무성武星'이라고 하지 않았나 싶다. 이름을 지을 때는 팔자에 부족한 오행을 집어넣는 게 통례다.

김무성은 계해癸亥일에 태어났다. 계해는 물에 해당한다. 물[水] 팔자인 것이다. 그 물도 한강이나 낙동강처럼 큰물이 아니다. 쉬지 않고 졸졸 흘러가는 계곡물이다. 계해 일주日柱에 태어난 사람들은 용각산 팔자가 많다. 흔들어도 소리가 나지 않는다. 낮은 목소리로 조용하면서 부지런하게 일을 처리하는 스타일이다. 고함치고 할퀴는 육박전 스타일이 아닌 것이다. 마치 도로의 먼지를 잠재우기 위하여 물을 뿌리고 다니는 살수차撒水車와 같다. 권법에 비유한다면 공격적인 호법虎法보다는 수비에 치중하는 용법龍法에 능하다. 용팔호일龍八虎一이라고나 할까. 지난 옥새 파동은 모처럼 보여준 호일虎一이다. 만약 옥새를 영도다리 밑으로 던져버렸으면 어떻게 되었을까?

쥐의 눈을 가진 사람

인간은 동물을 보면서 이치를 발견하고 영감을 얻는다. 다윈은 '진화론'을 정립했고, 조지 오웰은《동물농장》을 썼다. 고 김대중 대통령은 정치가 지닌 천변만화의 꿈틀거림을 '생물'에 비유했다. '이성적 동물'인 인간도 '이성'이라는 수식어를 빼고 나면 결국 '동물'로 환원되는 것 아닌가.

동양의 숙명가宿命家들은 하필 12마리 동물을 내세워 인간의 운명과 특성을 분류했다. 12개의 띠가 그렇고, 1년 12개월, 하루 12시간도 12지支라고 하는 동물로 환원해 표현했다.

12지에서 제일 첫 번째 등장하는 동물이 바로 쥐子다. 크기도 작고, 볼품없고, 혐오스러운 동물을 왜 맨 앞에다 배치했을까? 야구의 1번 타자가 쥐다. 쥐는 시작을 알리기 때문이다. 자시子時는 전날이 가고 새날이 오는 시간을 상징한다. 깜깜한 한밤중 시간에 사실은 교체가 이루어지고 있는 것이다. 변화의 기미는 대낮이 아니라 한밤중에 일어난다는 이치를 암시하고 있다. 다른 동물은 잠을 자는 자시에 쥐는 깨어 있기 때문에 그 변화를 누구보다 빨리 알아챈다. 구시대가 가고 새 시대가 오는 패러다임의 변화 기미를 알아채는 쥐의 능력은 눈에서 나온다. 쥐의 정기는 눈에 있다. 남자 관상에서도 50퍼센트 비중을 차지하는 부분이 눈이다. 남자는 눈이 어떻게 생겼는가에 따라 총기와 집중력이 좌우된다.

2015년 광주 보궐선거에서 당선된 천정배를 생각해 보니 12지의 쥐가 떠오른다. 천정배의 눈이 그렇다. 학교 다닐 때 수석도 많이 했다. 체구도 그렇게 큰 편이 아니다. 그리고 부지런하다. 김종필의 복심腹心이자 꾀주머니라는 별명으로 알려졌던 김용환 전 재무장관도 이 과科에 속한다. 김용환의 눈과 천정배의 눈. 닮았다는 생각이 들지 않는가?

천정배는 2002년 대선에서 호남 국회의원 가운데 가장 먼저 노무현 지지를 선언했다. 변화의 기미를 가장 먼저 감지한 것이다. 이번에도 호남 민심의 변화를 가장 먼저 읽고 행동에 나선 셈이다. 쥐는 떼로 뭉쳐 다녀야 파워가 생긴다. 천정배가 과연 사람들을 끌어모을 수 있을지 관건이다.

두 사람의 팔자八字

'널뛰기 팔자'가 있다. 운이 좋을 때와 나쁠 때가 마치 널뛰는 것처럼 상하고저上下高低가 순식간에 그리고 분명히 드러나는 팔자를 가리킨다. 명리학에서 가장 좋은 사례 연구감이 눈앞에서 전개되는 널뛰기 인생들이다. 정치인과 연예인이 대표적인 널뛰기 팔자다.

유승민을 보면서 널뛰기의 위력을 느꼈다. 유승민은 불이 많은 팔자 같다. 우선 화법이 그렇다. 불이 많으면 말을 직선적으로 하고 분명하게 한다. 솔직하다. 이리저리 돌리거나 은유적인 표현을 좋아하지 않는다. 결론을 빨리 이야기하는 것을 좋아한다. 머리는 전광석화이고 내숭을 떨지 못한다. 논리적이고 카랑카랑하다. 한마디로 직변直辯이다. 자존심이 강해 평상시에는 조직에

잘 맞지 않고 전환기나 난세에 진가가 드러난다.

유승민과 대조적인 인물이 전 부총리인 최경환이다. TV에 나와 대담하는 것을 보니 대표적인 눌변訥辯이다. 7할만 이야기하고 나머지 3할은 가슴속에 담아두는 스타일이다. 목소리도 낮고 상대방의 이야기를 많이 듣는 물 팔자다. 물은 조용하게 흐른다. 상대방을 편하게 해주면서도 실속이 있다.

유승민은 아버지가 판사와 국회의원을 지냈으며 대구·경북 지역 최고 명문인 경북고를 나왔고, 최경환은 없는 집안에서 태어나 대구고를 다녔다. 둘 다 대구 사람으로 위스콘신대학 동문이고, 이회창 대선캠프 경제팀에서 같이 일했으며, 박근혜 전 대통령 비서실장을 앞뒤로 지냈다는 점이 같다. 하지만 인생 행보는 완전히 다르다. 유승민은 대통령에게 저항하면서 독자적인 길을 가고 있고, 최경환은 대통령의 측근이자 이 정권의 실세다. 사람 팔자가 이렇게 다르다.

《주역》에 보면 '운종룡雲從龍 풍종호風從虎'라는 구절이 있다. '구름은 용을 따르고, 바람은 범을 따른다'는 뜻이다. 구름은 비를 내리게 해서 가뭄을 해갈하고 벼농사를 짓게 하지만, 바람은 불이 훨훨 타게 만들어서 낡은 것을 태워버린다. 변화는 바람과 구름에서 시작된다. 풍운조화風雲造化, 풍운아風雲兒라는 말도 여기에서 비롯된 것이다. '사입풍운변태중思入風雲變態中'이다. 풍운의 변화 속에서 새로운 생각이 일어난다.

돼지고기, 홍어, 김치

김영삼 전 대통령을 보내면서 몇 년 전에 쓴 칼럼이 생각났다. 돼지고기, 홍어 그리고 묵은 김치. 김영삼, 김대중, 김종필 '삼김三金'을 '삼합三合'에 비유해서 쓴 적이 있다. 삼합은 호남에서 발달한 요리다. 육지에서 나는 고기도 먹고 바다의 생선도 먹고 채소인 김치도 같이 먹는다. 이질적인 3요소가 같이 묶여 있는데도 조화를 이루면서 묘한 맛을 낸다는 데에 삼합의 묘미가 있다.

YS는 돼지고기 역할을 하였다. 영양가 높은 음식이다. 돼지는 물[水]과 정력을 상징하는 동물이다. 인간을 배불리 먹였다. 잔칫날을 나타낸다. 또한 잡식성이다. 인간이 먹다 남은 음식은 다 먹을 수 있는 가축이 돼지다. 집 가家 자를 뜯어보면 갓머리(지붕) 밑에 돼지豕, 시가 있다. 고대 남방 지역에서는 맹수의 공격을 피하기 위해서 집을 원두막처럼 높게 짓고, 아래에는 헛간을 만들어 돼지를 키웠다. 돼지는 음식 찌꺼기를 다 처리해 주면서도 뱀을 잡아먹는 능력이 있었다. 뱀은 기둥을 타고 인간 처소에까지 올라올 수 있었지만, 아래층에 돼지가 있으면 뱀을 국수 가락처럼 씹어 먹는다. 뱀의 독이 돼지의 두꺼운 지방층을 뚫지 못하기 때문이다. 천적이다. 그래서 띠 궁합을 볼 때 사巳, 뱀와 해亥, 돼지를 상충으로 본다. YS의 군부 사조직 하나회 제거는 돼지가 뱀을 국수 가락 씹듯이 잡아먹은 사례다. 돼지의 잡식성은 다산多産을 상징한다. 돼지는 젖꼭지가 10개도 넘는다. 어림잡아 현재 한국 정치 주역의 절반은 'YS 키즈'가 아니던가!

DJ는 홍어였다. 홍어는 암모니아 가스가 많아서 톡 쏜다. 속이 더부룩할 때 삭힌 홍어를 먹으면 소화가 잘된다. 속이 개운해진다. 돼지와 홍어는 아주 이질적이면서도 같이 먹으면 상보적相補的인 음식이다.

JP는 중간에 있는 묵은 김치였다. 한국 사람에겐 중간에 김치가 없으면 맛이 허전하다. 이때는 겉절이보다는 묵은 김치가 맛이 난다.

고 노무현은? '홍어애탕'이 아니었을까? 보릿잎을 넣고 홍어의 애(간)를 탕으로 끓이면 깊은 맛이 나온다. 근래에 들으니까 '영남삼합'도 있다고 한다. 소고기, 전복, 송이버섯인데 아직 못 먹어보았다.

신문 읽어주는 여자

정치에 대하여, 김종필은 허업虛業, 김영삼 전 대통령은 세勢, 김대중 전 대통령은 생물生物이라고 정의한 바 있다. 이 세 가지 정의를 음미해 보니 허업은 결론인 것 같고, 세는 중장기적인 전략이고, 생물은 당장 눈앞에서 벌어지는 상황이다. 우선은 '생물'이 제일 와닿는다. 정치는 생물처럼 매일매일 변화한다. 그 천변만화를 읽어내는 수단은 신문新聞이다. 정치라는 추상적인 현상을 활자로 전환해 보여주는 것이 바로 신문 아니겠는가!

김대중 전 대통령이 목포상고 졸업이라는 가방끈을 가지고 대권이라는 낭떠러지 절벽 위로 올라가기까지는 신문이라고 하는 등산 자일의 도움이 아주 컸다고 본다. 따지고 보면 신문 열심히 읽어서 가장 성공한 인물이 DJ 아닌가 싶다. 그만큼 그는 광적으로 신문을 읽었다. 새벽에 일어나면 7~8가지 신문을 정독하는 일로 하루 일과를 시작했다. 심지어는 형광펜을 옆에다 쌓아놓고 중요 기사마다 밑줄을 그어가며 읽었다고 한다. 그러니 비서들이 정치 사안에 대하여 어영부영 대강 이야기하기가 어려웠다.

1990년대 중반 야당 총재 시절에는 동교동 자택에 신문을 읽어주는 여비서가 있었다. 전문대를 졸업한 20대 중반의 장옥추張玉秋였다. 평소에는 이희호 여사의 잔심부름을 하였지만 중요한 일과 중 하나는 DJ 옆에서 신문을 소리 내어 읽어주는 일이었다. DJ는 집에서 이발을 하였는데 이때는 어김없이 옥추가 옆에 앉아서 낭랑한 목소리로 신문 기사를 읽어주었다. 목소리가 낭랑하고 발음이 또렷하였다. 바쁜 일정 때문에 미처 신문을 읽지 못하는 상황이면 옥추가 옆에서 대신 읽었다. 식사 중일 때에도 밥상머리 옆에서 읽고, 때로는 넥타이 맬 때, 다른 남자 비서들이 DJ의 고관절과 다리를 주물러줄 때에도 옥추는 옆에서 신문을 읽었다. 자투리 시간, 잠깐잠깐 짬이 날 때마다 신문을 읽도록 하였다. "응, 그 부분을 읽어봐? 그건 그냥 넘어가고! 옳지 방금 읽은 기사는 한 번 더 읽어봐?"

DJ의 짧은 가방끈을 등산 밧줄로 보강하는 수단은 신문 읽기였던 것이다. '정치인과 파리는 신문지로 잡는다'는 농담이 있다. DJ는 신문 읽기에 몰두함으로써 정치라는 생물을 다루고 포획하는 방법을 터득하였다.

연고주의 緣故主義

유럽이나 미국이나 일본이나 한국이나 모두 연고주의緣故主義가 작용한다. 연고는 정리情理에서 나온다. 인간사에는 논리論理도 있지만 정리도 또한 있는 것이다. 세상 경험이 늘어날수록 논리보다는 정리가 더 작용한다는 사실을 인정하게 된다. 겉으로 이야기할 때는 논리를 앞세우지만, 실상 이면을 파고 들어가 보면 정리가 더 큰 비중을 차지한다. 나의 주관적인 경험에서 보자면 한국 사회에서는 정리가 7할, 논리가 3할 정도나 될까. 유럽이나 아시아는 문화권의 차이에 따라 이 비율이 아마 다를 것이다.

정리를 인수분해하여 보면 네 가지 인연이 있다. 지연地緣, 혈연血緣, 학연學緣, 관연官緣이다. 조선 시대 당쟁이나 반정反正·반란 사건을 보면 이 네 가지 인연이 그물코처럼 얽혀 있음을 발견하게 된다. 목숨을 거는 사건은 특히 그렇다.

1728년 남인과 소론이 연합하여 집권 노론당의 영조英祖 정권을 뒤엎으려고 했던 사건이 무신난戊申亂이다. 무신난에 같이 참여했던 거창의 명문거족 정희량과 나주의 명문 부잣집 나주 나씨羅州 羅氏는 혼사로 얽힌 사돈 집안이었다. 임진왜란 이전 윗대부터 학문적인 교류가 있었고, 이념적인 노선도 같았다. 조선 시대 나주는 전라도 재벌이 살았던 돈 많은 동네였는데, 이 나주 명문가들이 당시 야당이었던 남인에 소속된 경우가 많았다. 즉 퇴계학파였다는 말이다. 거창의 정희량과 나주의 나숭곤이 혈연과 학연으로 엮여 있었다. 청주에서 병력을 동원한 이인좌의 외조부가 문경聞慶 일대의 거부 조하주(남인)였고, 조하주의 손자인 조세추가 무신난에 적극 가담하였다. 조하주의 처남이 바로 성호 이익이다. 피 튀겼던 당쟁도 파고 들어가면 지연, 혈연, 학연, 관연으로 얽혀 있다.

현재 한국 주류 사회는 '경상도'라고 하는 지연, '재벌'이라고 하는 혈연, '서울대' 출신이라고 하는 학연, 그리고 '고시 합격'이라고 하는 관연으로 얽혀 있다. 어느 사회나 연고주의가 없을 수는 없다. 그러나 정도 문제는 있다. 이게 너무 심하면 사회가 자유로움과 활력을 잃고 썩어버린다. 한국 사회는 위험 수준에 와 있다고 생각한다.

일석삼극 一析三極

고전이 왜 고전인가? 고전을 읽다 보면 한두 구절이라도 머리에 남는다. 남는 구절이 없으면 그것은 고전이 아니다. 일단 머리에 각인된 구절은 실생활에서 어느 형태로든 적용이 되기 마련이다. 그 한 구절이 삶의 혼란스러운 상황, 답이 없는 애매한 상황, 쓰라린 고통의 상황에서 도움을 준다.

우리 민족의 고전인 《천부경天符經》. 《천부경》에서 얻은 구절은 '일석삼극一析三極'이다. '하나가 셋으로 갈라지다' 또는 '하나를 쪼개면 셋이 된다'는 뜻이다. 여기서 하나는 무엇인가? 하나는 붙이기 나름이다. 한국 현대정치사에서 보면 '하나'는 박정희로 볼 수 있다. 박정희를 쪼개면 '3김'이 나온다는 것이 나의 해석이다. 김영삼, 김대중, 김종필은 박정희로부터 갈라져 나온 셈이다.

박정희가 없었으면 어떻게 김영삼이 나오고, 김대중이 나왔으며 김종필이 나왔겠는가. 박정희와 3김의 관계도 각기 색깔이 다르다. 검은색, 빨간색, 녹색이라고나 할까. 이 3색이 섞이면서 한국의 정치 수준을 끌어올렸다. 김종필은 대통령이 못 되었지만 역할은 중요하였다. JP 때문에 3김씨가 비빔밥처럼 비벼지면서 조화와 균형을 이루었다.

현대 자본주의사회에서 정치가 음이라면 경제는 양으로 보아야 한다. 권력이 음이고 돈이 양이다. 정치가 여자고 경제가 남자다. 정치는 국내 살림에 머물지만 경제는 해외 살림에 바쁘기 때문이다. 그 활동력에서 경제가 정치를 압도한다. 이런 맥락에서 3김씨가 '음삼극陰三極'이라면, 이병철, 정주영, 김우중은 '양삼극陽三極'이라고 해석하고 싶다. 이병철, 정주영, 김우중도 들여다보면 각기 색깔이 다르다. 비록 김우중이 망하기는 했지만 젊은이에게 '세계는 넓고 할 일은 많다'는 자신감을 준 공로가 있다.

한국의 지난 50년은 음삼극과 양삼극의 활성화였다는 시대인식이 가능하다. 지금부터가 문제다. 새로운 국면에 접어들었다는 말이다. 삼극만극三極萬極으로 갈 것인가, 아니면 회삼귀일會三歸一로 갈 것인가의 기로에 있다. 전자는 민족의 정체성이 해체되어 만 가지 극으로 분화되는 길이고, 후자는 하나로 다시 통합하는 길이 될 것이다. 회삼귀일의 길로 가고 싶다.

독수리, 매, 갈매기

주식과 정치 판세를 잘 읽으면 돈과 권력이 온다. 판세는 높이 올라가서 볼수록 잘 보인다. 몇 층 높이에서 보느냐에 따라 관점이 다른 것 아니겠는가?

높이 올라가는 동물을 찾다 보니 날개 달린 조류다. 조류 중에서도 맹금류猛禽類가 창공을 지배한다. 나는 그동안 정치 판세를 잘 읽는 맹금류가 누구인지 생각해 보았다. 한 마리의 독수리와 두 마리의 매 그리고 갈매기 한 마리가 있다. 김종인이 독수리, 윤여준과 이해찬이 매, 김한길이 갈매기 아닌가 싶다.

김종인은 10여 세부터 할아버지인 가인 김병로 슬하에서 정치 판세 분석을 훈련받았다. 초등학교 때부터 선거 유세장에 나가 '누가 우세한지, 누가 청중의 마음을 사로잡는 연설을 하는지'

조부에게 보고하는 훈련을 받았던 것이다. 할아버지 사랑방에 드나드는 당대 정객들에게 재떨이 심부름과 약주 심부름을 하면서 눈썰미와 정치 감각을 익혔다. 일찌감치 영재교육(?)을 받았던 셈이다.

윤여준의 부친은 윤석오다. 윤석오는 5천 석을 했던 부잣집 아들이고, 한학과 서예에 조예가 깊었다. 윤석오는 위당 정인보의 제자이고, 고하 송진우의 추천을 받아 이승만 대통령의 인사비서관으로 발탁되었다. 윤여준도 어렸을 때부터 양반 집안의 예법을 익혔으며, 아버지를 따라 경무대를 드나들며 정치 감각을 익혔다. 김종인, 윤여준 모두 여당에서 경력을 쌓다가 말년에 야당 쪽으로 넘어갔다. 보수와 진보의 양쪽 정서를 모두 안다는 장점이 있다. 그러다 보니 70대 후반까지 부름을 받는 것이다.

이해찬과 김한길은 김대중 밑에서 훈련을 받았다. 김대중은 대부분 어려운 상황에서 선거를 치렀다. 예리한 판세 분석과 치밀한 전략을 갈고닦지 않으면 살아남을 수 없는 환경에서 성장하였다. 이해찬은 관상도 밭 전田 자 형태다. 실용적 관상의 전형이다. 눈도 맹금류에 해당한다. 서울대 사회학과를 나와 여론조사 기법도 익혔다. 관상은 밭 전田, 눈은 매, 학벌은 서울대라는 3종 세트가 결합된 당대의 매가 이해찬이다. 갈매기는 김한길. 혁신정당의 당수를 지낸 부친 김철의 유전자를 무시할 수 없다. 매보다는 한 급 아래지만 갈매기도 꿈이 있고 높이 나는 조류 아닌가?

군왕君王의 책 《대학연의大學衍義》

서양의 마키아벨리가 쓴《군주론》에 비견되는 책이 중국 송나라 유학자 진덕수眞德秀, 1178~1235가 쓴《대학연의大學衍義》다. 특히 조선의 왕들이 제왕학을 공부하는 데 크게 영향을 미쳤다. 유교의 경전인《대학大學》을 제왕 입장에서 풀이한 책이다. 조선 태조도 창 던지는 연습을 하고 나서 쉬는 시간에 이 책을 보았고, 태종 이방원도 외척을 멀리해야 한다는 것을 이 책에서 깨달았다고 한다.

동양에서 내려오는 전통적인 독서법은 '강일독경剛日讀經 유일독사柔日讀史'였다. 강한 날에는 경전을 읽고, 부드러운 날에는 역사책을 읽는다는 말이다. 여기서 강한 날은 마음이 날카로워지고 공격적인 마음이 드는 날이다. 반대로 부드러운 날은 마음이 편안하고 약간 유흥적인 기분이 드는 날이다. 공격적인 마음이 들 때는 경전을 봐야만 마음이 누그러지고 평상심이 생긴다. 경전을 읽는 독서에는 마음을 닦는 효과가 있는 것이다. 반면에 유흥적인 마음이 들 때는 역사서를 봐야만 해이해진 마음에 다시 긴장과 경각심이 생겨난다. 역사서에는 고금의 중요한 사건 사고에 내려진 여러 가지 판단 사례가 모아져 있어서, 이를 많이 읽다 보면 실전에 부딪혀서 어떻게 판단할 것인지 가늠이 되는 것이다. 판례집判例集이 두꺼울수록 판단의 정확도가 높아진다. 역사는 판례집이다. 따라서 군왕의 독서는 '강일독경 유일독사'가 한꺼번에 이루어질수록 효율적이 된다.

《대학연의》는 경전인 《대학》과 역사서인 《자치통감資治通鑑》을 서로 엮어 동시에 읽도록 구성함으로써 군왕의 판단력을 강화하는 데 목적을 두었다. 판단의 핵심은 사람을 감별하는 안목에 달려 있다. 격물치지格物致知의 요체도 결국 사람 보는 안목이다. 말하는 것을 보면 그 사람을 알 수 있다는 항목에서 '말이 간명한 사람과 번잡한 사람을 구분해야 하지만, 입을 봉한 채 말이 없는 사람도 간사한 인물이 있고, 말이 많고 길어도 솔직하고 사심이 없는 사람도 있다'는 내용이 눈에 띈다.

단식투쟁

단식투쟁 하면 아일랜드 출신 극작가이자 독립운동가인 테런스 맥스위니Terence James MacSwiney, 1879~1920가 생각난다. 1920년 아일랜드 독립 전쟁 당시 영국에 체포되었고, 잉글랜드 브릭스턴 교도소에서 단식투쟁을 하다 74일 만에 굶어 죽었다. 그의 나이 41세였다. 아일랜드의 정신적 지도자가 되었고, 지금도 흉상이 서 있다.

인도의 간디가 단식투쟁을 할 때마다 영국이 존중하고 타협안을 제시했던 배경에는 맥스위니의 아사餓死가 영국 사회에 준 엄청난 충격이 있다. 앙드레 모루아는 명저《영국사》에서 맥스위니와 간디의 단식이 그 문화권의 종교적 전통과 무관하지 않다고 보았다. 아일랜드는 유럽의 샤머니즘인 켈트 문화의 전통이 짙게 남아 있던 곳이고, 간디는 힌두교 영향을 받았던 것이다. 켈트의 제사장은 '드루이드'였는데, 이 드루이드의 영발과 도력道力이 대단하였다. 영화 〈반지의 제왕〉을 보면 흰색 도포를 입은 노인이 지팡이를 휘두르며 초능력을 발휘하는데, 바로 이 간달프가 바로 드루이드 이미지다. 드루이드가 도력을 얻는 방법 가운데 하나가 바로 단식 아니었나 싶다. 힌두교는 자신의 의사가 관철될 때까지 상대방 문 앞에서 단식하는 전통이 있다.

당대의 유학자인 면암 최익현 선생은 나라가 망하자 의병을 일으켰다. 순창 전투에서 일본군에게 패하였고, 대마도에 포로로 잡혀갔다. '적이 주는 음식을 먹을 수 없다'고 선언하고 단식 끝에 사망하였다. 면암이 대마도에서 굶어 죽었다는 소문은 조선 지식인 사회를 강타하였다. 향산響山 이만도李晩燾, 1842~1910는 퇴계의 후손으로 안동의 A급 명문가였다. 나라가 망하고 단식 24일째 되던 날에 순절殉節하였다. 당시 68세 노인이었다. 기득권을 지녔던 양반가 후손이 단식으로 죽자 안동 일대의 선비 사회가 충격을 받았다. 명문가 후손이 대거 만주로 독립운동하러 가는 계기가 되었다. 1983년 김영삼이 23일 단식할 때는 15일째 되던 날부터 몸에서 악취가 심하게 났다고 한다. 해독解毒 효과였다.

경기가 안 좋아 굶어 죽을까 봐 다들 걱정이다. 그러나 굶어 죽기도 쉽지 않다.

철없는 혈기를 과단성으로

1884년 갑신정변의 주연배우는 김옥균金玉均, 1851~1894이었지만, 그 배후에는 위안스카이袁世凱, 1859~1916와 일본 공사였던 다케조에 신이치로竹添進一郎, 1841~1917의 '수읽기'가 있었다. 정변 당시 김옥균은 만으로 33세, 위안스카이는 25세, 다케조에는 43세였다. 위안스카이가 불과 25세의 나이였다는 점이 흥미롭기도 하고 한탄스럽기도 하다. 스물다섯 살 먹은 어린애(?) 손에 조선의 운명이 좌지우지되었던 것이다.

피가 난무하고 생명이 왔다 갔다 하는 난세에는 중년의 신중함이 우유부단한 실기失機가 되어버리고, 20대의 철없는 혈기가 오히려 과단성 있는 판단으로 전환되는 경우가 많다. 43세의 다케조에는 정변의 지휘부를 수비하기 좋은 경우궁景祐宮에서 수비하기 어려운 창덕궁으로 옮기는 판단 착오를 범했다. 10·26 직후 긴박한 상황에서 김재규가 남산 중앙정보부로 가지 않고 육군본부로 향했던 사례가 생각난다. 반면에 위안스카이는 상부의 지시를 기다리지 않고 전격적으로 병력을 동원하여 개화파의 창덕궁을 공격하였다. 위안스카이의 상관이었던 우자오유嗚兆有는 창덕궁 공격을 미적거렸다. 이홍장의 지시가 내려올 때까지 기다리자는 것이었지만 위안스카이는 '그러다가 세월 다 지나간다'며 기습 공격을 감행하였다. 쉬운 판단이 아니다. 목숨 걸어야 한다.

이에 비해 다케조에는 책상물림이었다. 위안스카이의 공격이 개시되자 겁을 먹고 창덕궁 수비를 담당하던 일본군 150명을 철수시켜 버렸다. 나중에 도쿄대 한학漢學 교수를 하면서 다케조에는 두고두고 곱씹었다. '새파란 어린애 위안스카이에게 당했다'.

위안스카이는 허난 성 출신이다. 과거에 두 번이나 낙방하고 책 읽는 일에는 취미가 없었다. 그러나 무재武才가 있었다. 그 무재는 갑신정변의 과단성으로 나타났다. 갑신정변 진압에 성공하여 이홍장의 신임을 얻고 북양군의 총책임자가 된다. 나중에는 황제 자리까지 올라간다. 조조와 같은 난세의 간웅 반열에 올랐다.

중국 대사 추궈훙邱國洪이 사드 배치에 대해 '1시간이면 폭격할 수 있다'고 거침없이 내뱉는 말을 들으면서 식자층은 위안스카이를 떠올렸다. 추궈훙도 앞으로 승진하는 것일까? 미국은 뭘까?

오동잎 떨어지면

"꽃이 진들 바람을 탓하랴." 김대중 정권 말년 비서실장을 하고 있던 박지원이 정권 마감 1주일 전에 청와대에서 기자들 불러놓고 한 말이다. "재벌은 핏줄이 웬수, 권력은 측근이 웬수." 재벌가의 문제는 대개 자식이 일으키고, 청와대 권력의 누수 문제는 실세 또는 2인자가 일으킨다는 워딩이다.

박지원이 이번에 우병우 전 수석 사태에 대해서는 "오동잎이 떨어지면 가을이 온 줄 알아야 한다"고 날렸다. 생물학生物學, 정치는 생물이다의 대가인 김대중 밑에서 훈도를 받고 감방살이도 몇 년 하는 고초를 겪으면서 내공을 쌓았을까. 천변만화를 일으키며 굴러가는 정치 판세의 조짐을 읽어내는 데는 당대 선수급이다. 내가 볼 때 그동안 축적한 사판事判의 경험에다가 사주명리학을 공

부해서(?) 이판내공理判內功만 추가하면 더 높은 차원으로 진입할 것이다.

그의 '오동잎이 떨어지면' 이야기를 들으니까 1979년 정보부장 김재규의 운세가 생각난다. '풍표낙엽楓飄落葉 차복전파車覆全破' 아니었던가! '단풍잎이 떨어질 무렵에 차가 엎어져 전파된다'는 운세였다. 연초에 이 불길한 점괘를 받아 들고 김재규는 차車를 조심하였다. 차를 탈 때마다 운전기사에게 "차를 천천히 몰라"고 당부하곤 하였다.

경세가는 이파리가 한 잎 두 잎 떨어지는 장면을 주목해야 한다. 앞으로 전개될 사태의 조짐이기 때문이다. 조짐은 여러 가지로 온다. 옛날에 어느 부자가 자기 집 마루에 앉아 마당에서 한가롭게 모이를 쪼아 먹던 닭들을 바라보고 있었다. 그런데 갑자기 솔개가 공중에서 날아와 암탉 한 마리를 휙 낚아채 가는 것이 아닌가. 그 조짐을 보고 '아 이제부터 내 집의 재산이 날아가겠구나' 하고 판단했다. 다음 날부터 재산을 정리하기 시작하였다는 이야기를 20대 후반에 내 선생님에게서 들은 적이 있다.

'갑자기'라는 단어도 그렇다. 이를 '甲子起'로 풀이하고 싶다. 《삼국지》 제갈공명이 적벽대전에서 동남풍이 불어오기를 바라는 제사를 지내는 대목이 있다. 공명이 제단을 쌓아놓고 기도를 하자 갑자甲子일부터 깃발이 미세하게 흔들리기起 시작하였다. 바람이 불기 시작한 것이다. 꽃이 진들 어찌 바람을 탓하랴!

사이비似而非 종교

'성공한 쿠데타는 처벌할 수 없다'. 5공 재판 당시에 나온 법조계 문구로 기억된다. 성공하면 쿠데타가 아니라는 말이다. 사이비 종교를 이 논리에 대입해 보면 '성공한 사이비 종교는 사이비 종교가 아니다'도 될 수 있었다. 최태민교敎는 거의 성공할 뻔했다. 대통령 만들기에 성공했기 때문이다. 유사 이래 사이비 종교가 대통령 만들기에 성공한 사례는 매우 드물다는 사실에 비춰보면 이례적인 사건이다.

언론 보도에 의하면 40년 전부터 최태민과 그 일가는 박근혜 영애를 대통령으로 만들기 위한 프로젝트를 추진해 왔다고 한다. 세계적인 컨설팅 회사 맥킨지 보고서보다 더 장기적이고 치밀한 계획을 세웠고, 결국 성공했다. 앞으로 맥킨지는 최태민의 사이비 종교 성공 사례를 집중 분석해야만 한다. 육영수 여사가 죽었을 때 '네가 앞으로 아시아의 지도자가 되기 위해서 엄마가 먼저 간 것이다. 길을 비켜준 것인데 왜 우매하게 울고만 있느냐'는 최태민의 편지 내용도 결국은 들어맞았다. 아시아의 지도자가 되었으니까 말이다. 박근혜는 쿠데타로 대통령이 된 것이 아니다. 북한처럼 세습으로 된 것도 아니다. 민주주의의 꽃인 선거로 됐다. 모든 공정한 과정을 거쳐서 합법적으로 대통령이 되었다. 오죽하면 '선거의 여왕'이 별명 아니었던가.

이 모든 성공 신화의 밑바탕에는 최태민의 영발과 주술이 작용했던 것일까? 신문 보도에 의하면 10·26 당일에도 최는 박근혜에게 '오늘 아버지와 점심 약속을 해서 주변 사람을 모두 물리치라'는 당부를 했다고 한다. 주변 사람이 해코지를 할 거라는 예측이었을 것이다. 최태민이 지녔던 이 정도의 영발을 경험하면 어지간한 사람은 맹목적인 신봉자가 되기에 충분하다. 그렇지만 아무리 영발을 갖추었더라도 사이비 종교는 마지막에 마각馬脚이 드러난다. 돈과 남녀 문제다. 제아무리 진짜 종교라도 여기서 문제가 불거지면 사이비 종교로 전락한다. 종교는 영발과 도덕을 모두 갖추어야 한다. 도덕이 없는 영발은 악령의 속삭임이다. 김영란법과 짝을 이루는 '최순실법'을 만들어 최씨 일가가 축적한 수천 억 재산을 몰수하는 것이 파사현정破邪顯正이다.

불, 바람, 솥

탄핵 정국을《주역》의 64괘로 환산하면 어떤 괘가 해당될까? 공부를 했으면 현실에 적용을 해봐야 할 거 아닌가. 못하면 책상물림이 된다. 눈앞에서 100만 명이 넘는 인파가 촛불을 들고 집회하는 현장이야말로 단군 이래 처음 맞이하는 신화적神話的인 상황이다.

공부의 요체는 대관세찰大觀細察이다. 복잡한 상황을 단순화해 볼 수 있는 능력이 대관大觀이고, 단순한 사실을 세밀하게 뜯어보고 추론해 내는 능력이 세찰細察이다.《주역》공부는 대관 능력 양성에 그 주특기가 있는 것 같다. 현 상황은《주역》의 50번째 괘인 화풍정火風鼎 괘로 보인다. 위에는 불이 활활 타고 있고, 아래에서는 바람이 불고 있는데, 여기에다가 솥단지를 올려놓은 형국이다. 정鼎은 다리가 3개인 솥단지를 가리킨다. 솥단지에다 뭘 넣어놓고 밑에서는 장작불로 열심히 불을 때는 상황인 것이다.

동양의 고대사회에서는 새 시대가 오면 새 솥단지를 걸었다. 이제까지 쓰던 낡은 솥단지는 폐기 처분한다. 솥은 새 시대의 도래를 알리는 상징이다. 새 솥단지에다 끓인 음식을 하늘에 제사 지낸 다음에 그 제수 음식은 백성이 나누어 먹는다. 새 시대의 도래를 축하하기 위해서는 음식을 나누어 먹어야 한다. 먹어야 기쁨이 오기 때문이다. 100만 명이 넘는 인파가 장작을 가져와 불을 때는 이 솥단지는 그 크기가 얼마나 되는 솥단지일까! 지름이 100미터도 넘는 거대한 황금 솥단지가 아닐까.

그리고 이 역사적인 대정大鼎에 담긴 내용물(음식)은 무엇일까. 음식은 민주주의라고 생각한다. 서양에서 수입한 민주주의라는 황소는 그동안 털도 안 뽑히고 설익은 채로 있다가 이번에 장작불로 솥단지에 완전히 고아져 먹기 좋게 보들보들한 도가니탕으로 변할 것이다. 한국에서 제조된 이 민주주의라는 탕湯은 선진국인 일본에서도 그 맛을 낼 수 없고, 대국인 중국에는 아예 조리법이 없는 요리라고 생각한다. 일본이 19세기 이래로 탈아입구脫亞入歐를 모토로 삼았는데, 민주주의라는 측면에서 본다면 한국이 탄핵 정국을 계기로 일본보다 먼저 탈아입구 되지 않나 싶다. 화풍정 괘는 한국이 '거듭난다'는 뜻으로 풀이된다.

말의 다리

'마각馬脚이 드러났다'는 표현이 있다. 최순실의 딸 정유라가 이화여대에서 말을 타다가 최태민가의 마각이 드러났다. 마각은 '숨겨져 있어서 보기 어려운 부분'을 뜻한다. 평소에는 '마각'을 보기 어렵기 때문이다. 마각은 말의 다리脚다. 중국의 탈춤에서 두 사람이 같이 동물 탈을 뒤집어쓰고 연기하는 놀이가 있는데, 이때 말의 앞다리 역할을 하는 사람과 뒷다리 역할을 하는 사람은 의상에 파묻혀서 잘 보이지 않는다. 놀이를 하다가 실수로 의상이 들어 올려지면 앞발과 뒷발 역할을 하는 사람이 노출된다.

마각에 대한 12간지의 해석도 있다. 말은 오시吾時에 해당한다. 왜 옛날 사람은 말을 태양이 한가운데 떠 있는 정오에 배당하였을까? 정오가 되면 말의 발바닥이 보인다. 이때 다리[脚]는 말의 발바닥을 가리킨다. 발바닥에 혹시 상처가 나거나 가시가 박히면 달릴 수 없다. 말이 달리지 못하면 전쟁 승패가 갈린다. 그래서 고대 전쟁 사회에서는 말의 몸 상태를 관리하는 일이 하나의 직업이었고, 몸 상태 중에서도 말의 발바닥 상태를 자주 점검하는 일이 중요한 일이었다. 아침저녁에는 말의 발바닥을 자세히 보기가 어려웠다. 태양이 중천에 떠서 주위가 환하게 밝아졌을 때에야 발바닥을 자세히 볼 수 있었던 것이다. 그래서 정오를 말[吾]의 시간에 배당하지 않았나 싶다.

말은 양기陽氣를 상징한다. 사주팔자에 오吾가 많이 들어 있는 사람은 활달한 인생을 산다. 이성도 많이 따른다고 본다. 옛날 어른은 처녀 방에다가 말 그림을 못 걸어놓게 하였다. 처녀 방에 말 그림이 있으면 바람난다는 속설 때문이었다. 말은 고기를 안 먹고 풀을 먹는 초식동물인데도 불구하고 스태미나가 좋다. 제주도의 '말박사'에게 물어보니까 말은 노루, 사슴과 같이 쓸개가 퇴화되었다고 한다. 잘 놀란다. 잘 놀라니까 잘 뛴다. 그래서 지방질이 거의 없다. 지방질이 없으므로 처마 밑에다가 말고기를 걸어놓으면 오랫동안 떼어 먹을 수 있다.

최순실 사태는 1980년대 영화 〈애마부인〉과 비교할 수 없이 스펙터클한 '마각 영화'다.

미르, 물을 관장하다

'미르'는 순 우리말이다. 용龍을 의미한다. 고대 우리말에 '미'는 물의 의미가 들어가 있다. 미르, 미나리, 미역, 미꾸라지가 모두 물과 관련 있다. 일본말에서 '미즈'는 물을 뜻한다. 여기에도 역시 '미'가 들어간다. 고대 우리말이 일본으로 건너갔음을 암시한다. 미르재단은 '용의 재단'이라는 뜻이 된다. 박근혜가 1952년 임진생壬辰生이다. 용띠에 해당하니까 최순실이 재단 이름을 '미르'라고 지었던 것 같다.

고대사회에서 미르(용)는 물을 관장하는 수신水神으로 숭배되었다. 가뭄이 들면 곡식이 말라 비틀어져서 흉년이 든다. 흉년을 해결해 주는 신이 바로 미르였다. 동양의 고대 농경 사회에서 흉년의 아사餓死를 해결하려면 비가 와야 하고, 그 비를 내리게 해주는 파워를 지닌 신이 바로 미르였던 것이다. 신령함을 뜻하는 영靈 자도 뜯어보면 맨 위에 비雨가 있다. 가뭄 끝에 고대하던 비가 오는 게 가장 신령한 일이었다. 고대에는 전쟁보다 더 무서운 것이 가뭄이었다. 미르는 물에서 살았다. 강과 폭포, 호수에는 미르가 산다고 믿었다. 우리말 지명 '미리내'는 미르가 사는 내川다. '개천에서 용 났다'는 말도 이러한 맥락에서 생긴 말이다.

미르의 상극은 개다. 진辰과 술戌은 상충相沖 관계다. 기우제를 지낼 때 강이나 호수에 개의 머리를 집어넣었던 풍습이 있었다. 미르가 개를 싫어하니까 성질이 나서 비를 내리게 한다는 생각이 있었다.

불교가 들어오면서 미르는 미륵으로 전환되었다고 본다. 발음도 비슷하다. 농경 사회에서 수신인 미르를 믿다가 불교의 미륵불로 바뀐 것이다. 농사용 호수湖水가 많았던 호서湖西와 호남湖南에는 미륵 신앙이 성행하였다. 미륵 신앙의 중심 사찰이었던 익산 미륵사지 옆에는 둘레 80리의 호수인 황등제黃登堤가 있었고, 김제 금산사에는 벽골제碧骨堤, 선운사 근처에는 눌제訥堤가 있었다. 이들 거대한 호수는 원래 미르(용) 신앙이 지배했던 곳이다. 농사를 지으면서 미르에게 빌다가 불교가 들어오면서 미륵에게 빌게 되었다. 미르가 살고 있던 늪지대에 불교 사찰을 지을 때는 대량의 숯을 사용하여 메웠다는 전설이 있다. 숯이 촛불? 촛불이 상징하는 바가 크다.

미륵彌勒과 혁명革命

'미르재단'과 '케이스포츠'의 앞글자인 '미르'와 'ㅋ'을 합하면 '미륵'이 된다는 해석을 들었다. 최태민은 스스로를 미륵이라고 하였다는 것이다. 과연 미륵이 뭔지나 알았을까?

한국 역사에서 미륵彌勒은 혁명의 아이콘이었다. 미륵은 메시아를 의미하기 때문이다. 미륵은 고통받는 백성을 구제하기 위하여 이 세상에 출현한다. 미륵이 출세出世하면 낡은 세상의 부조리가 모두 정리되고 좋은 세상이 올 것으로 믿었다. 彌勒을 파자破字하면 '이爾 활[弓]로 힘[力]을 길러 바꾸자[革]'가 된다. 조선 시대 이성계를 저주하였던 반체제 승려들의 비밀결사인 당취黨聚의 신앙 대상도 바로 미륵불이었다. 당취들은 힘을 기르기 위하여 성계육成桂肉, 돼지고기을 씹으며 미륵불이 오기를 대망하였다.

다른 불상에 비해 미륵불은 크기가 크다. 금산사 미륵전에 모셔놓은 미륵불도 그 크기가 엄청나다. 논산 관촉사의 마당에 서 있는 은진미륵도 커다란 석조 불상이다. 선운사 바위 절벽에 새겨진 커다란 마애불도 미륵불이다. 대개 미륵은 돌로 만들어져 있고 실내보다는 야산 밑이나 들판에 세워진 경우가 많다. 절에 가기 어려운 민초들이 생업에 종사하면서 오가다 쉽게 만날 수 있는 불상이다. 그 사이즈가 큰 이유는 위력을 나타내기 위해서다. 작으면 힘이 약하다고 생각하기 쉽다. 헤비급 부처님이 낡은 세상을 싹 정리했으면 좋겠다는 민중의 바람이 투사된 것이다.

미륵이 이 세상에 나타나기를 바라는 마음은 고려~조선시대에 걸쳐 전국 여러 곳에 조성된 매향비埋香碑에서도 나타난다. 향을 묻어놓았다는 비석이다. 1309년 고성 삼일포三日浦 매향비, 1387년 사천泗川, 1405년 암태도巖泰島, 1427년 해미海美 매향비 등이다. 참나무를 바닷물과 민물이 교차하는 지점의 갯벌에 묻어놓는다. 적게는 200~300년, 길게는 천 년 이상 갯벌에 묻어놓았다가 꺼내면 이 참나무가 침향沈香으로 변한다는 것이다. 먼 훗날 미륵불이 출현하면 그때 꺼내서 축제용으로 쓰기 위한 침향이다. 광화문에 모인 100만 촛불은 그 침향으로 피운 촛불이란 말인가?

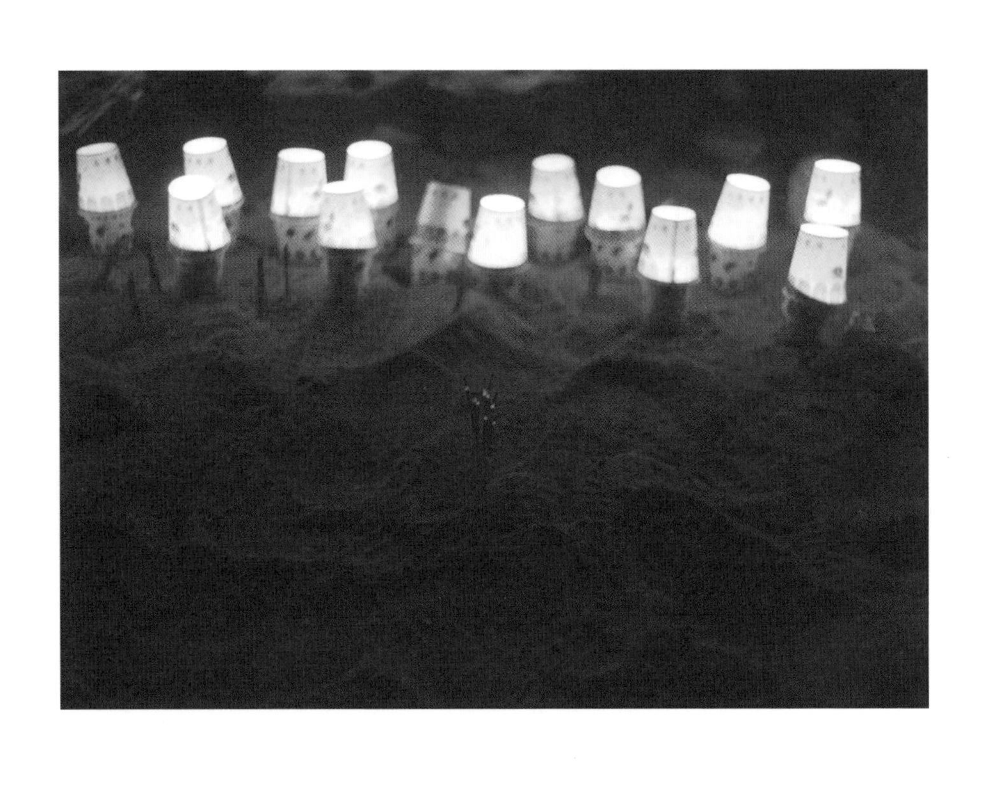

4장

평平 천天 하下

천하를 평정하다

平天下

별에서 온 도사道士

한국 드라마 〈별에서 온 그대〉는 왜 중국 사람들의 마음을 사로잡았을까?

그 이유 가운데 하나는 도교道教다. 중국의 전통 종교인 유儒·불佛·도道 가운데 도교적 세계관이 현재 중국 민중들의 가슴속에 가장 많이 남아 있는 것 같다. 유교와 불교 유적지는 문화혁명 때 많이 훼손되었지만, 도교 유적지는 비교적 많이 보존되어 있는 것을 보았다. 도교가 그만큼 중국의 토착적 정서를 많이 보존하고 있다고 혁명 주체들이 판단했기 때문이다.

중국인들 가슴에 남아 있는 도교적 요소는 세 가지로 압축된다. 첫째는 별이다. 별이 인간의 운명과 생사를 주관한다는 믿음이다. 특별한 인물은 별의 기운을 받고 태어난다고 믿었다. 둘째는 불로장생不老長生이다. 단전호흡을 해서 단丹을 성취하면 수백 살을 사는 신선神仙이 될 수 있다고 여겼다. 셋째는 도술道術이다. 도사道士가 되면 여러 가지 신통력을 가질 수 있다. 축지법縮地法, 차력借力, 둔갑술遁甲術, 장풍掌風, 시해법尸解法 등의 도술이 그것이다.

우연의 일치인지는 몰라도 〈별에서 온 그대〉는 도교가 지닌 3대 요소를 모두 갖추고 있다. 주인공 도민준은 별에서 온 존재다. 서양 영화에서 등장하는 외계인은 모두 흉측한 괴물의 모습이고, 인간 문명을 파괴하려는 악당으로 묘사된다. 그러나 동양의 도교에서 생각하는 외계인은 인간 세상에 이익을 주고 평화를 주는 도인 또는 영웅의 풍모다. 서울의 낙성대落星垈는 별이 떨어진 곳이고, 여기에서 강감찬 장군이 태어났다는 전설이 그것이다.

드라마에 나오는 주인공 도민준의 모습은 20대의 젊고 잘생긴 꽃미남의 생김새다. 도포 자락을 휘날리며 백발 수염에다가 지팡이를 짚고 다녔던 과거 도교 신선의 모습을 21세기에 맞게 업데이트한 셈이다. 300세 된 신선이 꽃미남으로 바뀐 것이다. 도민준이 사랑하는 여인을 위하여 보여주는 여러 가지 신통력도 도교의 도사들이 보여주었던 도술과 그대로 겹친다. 도교에 뿌리를 둔 중국의 무협지 드라마는 굉장히 많지만, 21세기 현대 문명의 도회적이고 세련된 형태의 도교 드라마는 한국에서 만들어낸 것이다.

퇴退마魔사師

로마 교황청에서 퇴마사 신부들의 모임을 공식적으로 인정했다는 신문 보도가 있었다. 퇴마사협회에는 30개국 250명의 사제가 회원으로 가입되어 있다고 한다. 악령을 쫓아내거나 조복調伏받는 영적인 힘을 지닌 퇴마사는 아시아에도 많다.

불교가 국교인 태국의 승단僧團은 '황복파黃服派'와 '홍복파紅服派' 승려로 구분되어 있다고 들었다. 황복파 승려는 황색 옷을 입은 수행자들로 경전 공부와 참선, 대중 교화 역할을 맡고 있다. 일반적 성격의 승려들이다. 홍복파는 붉은색 승복을 입은 승려들인데, 이들은 평소에 무술武術 연마와 주문 수행에 집중한다고 한다. 태국에는 전통적으로 내려오는 독자적인 무술 체계가 있고, 하루에 몇 시간씩 무술 연습을 통해서 악령을 쫓아내는 힘을 기를 수 있다고 믿는다. 퇴마를 하려면 일단 몸이 강건해야 하기 때문이다. 그다음에는 주력呪力이다. 퇴마에 효과가 있는 주문呪文이 따로 있다. 홍복파는 시간 날 때마다 퇴마용 칼을 소지하고, 태국의 산악 지역과 호수와 강을 돌아다니며 곳곳에 숨어 있는 마귀들을 제압하고 다니는 것이 일이라고 들었다.

일본에서는 퇴마사를 음양사陰陽師라고 부른다. 만화와 영화로도 많이 소개되었다. 일본 왕실에도 퇴마를 담당하는 정식 부서가 있는 것으로 알고 있다. 대외비對外秘가 많은 일본 왕실이라서 공식적으로 밝히지는 않지만, 혹시 발생할지도 모를 왕실 내부의 마귀 침투를 방비하기 위해서 1천 년이 넘게 퇴마 부서가 존재해 왔다. 몇 년 전에 내가 알음알음으로 일본 왕실 소속 퇴마사를 만나본 적이 있었는데, 서울 인사동 어느 밥집의 터 기운을 정확하게 파악하는 내공을 지니고 있었다. 왕실 인사나 총리가 외국에 나갔다 오면 이 퇴마사가 몸 전체를 검사하는 절차가 있다고 한다.

퇴마주문退魔呪文으로 중국에서는 능엄주楞嚴呪, 한국에서는 천수주千手呪, 일본에서는 반야심경般若心經을 애독한다. 도교 쪽에서는 귀신 쫓는 데 옥추경玉樞經을 애용한다. 옥추경을 외우면 뇌성벽력의 신이 단숨에 귀신을 녹여버린다고 해서 삭사경鑠邪經이라고도 부른다.

판타지의 보고寶庫

판타지 영화가 대세다. 〈반지의 제왕〉, 〈해리포터〉, 〈아바타〉 그리고 〈인터스텔라〉 등이 모두 판타지다. 그러나 한국에서는 수준 있는 판타지 영화를 못 만들어내고 있다. 너무나 사실만 추구했기 때문이다. 그러다 보니 '조폭' 영화만 많다.

판타지의 밑천은 무엇인가? 고대의 신화와 역사 그리고 토착 신앙이 중요한 기반을 이룬다. 시나리오 쓰는 작가들이 나에게 자문을 구하면 일제강점기 이후로 '미신迷信'이라고 낙인찍혀 온 토착 신앙 분야가 사실은 판타지의 보고寶庫라고 말해 준다.

한국 토착 신앙의 3대 분야는 칠성七星, 용왕龍王, 산신山神이다. 칠성은 북두칠성을 말한다. 하늘의 칠성은 우주를 주관하는 거대한 시계였다. 칠성은 북방 유목 민족들에게는 시간의 신神이었다.

수명 짧은 자식들을 위해 우리 어머니들이 장독대에 정화수를 떠 놓고 빌었던 대상이 칠성이다. 시간을 연장해 달라고.

용왕은 바다를 주관하는 신이다. 뱃사람들의 안전을 책임지는 신이자 바다 밑의 수중水中 세계를 총괄하는 신이었다. 그리스 신화의 포세이돈에 해당한다. 신라 문무왕은 죽어서 나라를 지키는 동해의 용왕이 되었다. 감포 앞바다의 대왕암이 그 현장이다.

산신은 산에 있는 신이었다. 한국은 국토의 70퍼센트가 산으로 되어 있고, 각 산마다 산신령이 있다고 여겨왔다. 역대 단군檀君들도 죽은 뒤에는 명산의 산신이 되었다고 믿었고, 나라를 사랑한 충신이나 대감도 죽으면 산신이 되어 국토를 지킨다고 여겼다.

근래에 산신 설화를 추적하다 보니 충북 제천 구학산九鶴山 자락의 경은사慶恩寺에 이야깃거리가 많았다. '울고 넘는다'는 박달재 안쪽의 구학산은 원래 도적들이 살던 심심산골이었다. 경은사는 박달재 도적들의 본부 터였다. 절의 산신각 앞으로는 황제의 도장처럼 생긴 옥새봉玉璽峰이 포진하고 있어서 8명의 왕八王이 나온다는 전설이 있다. 경은사는 산신각 터가 좋아서 산신령이 영험하다. 신도들이 기도를 하면 산삼을 많이 캔다는 이야기가 전해진다. 최근 몇 년 사이에도 신도 한 사람이 400뿌리의 산삼을 캤다. 이 절의 산신령 영험靈驗 설화만 모아도 판타지 대본이다.

실리콘밸리의 괴물들

세계 IT 산업의 중심지인 미국 실리콘밸리에는 세 종류의 인간이 있다고 한다. 맨 밑바닥에는 넥타이 매고 정장 입은 부류, 그 위에는 반바지 입고 티셔츠 입은 부류, 마지막 꼭대기 층에는 '스컹크 군단'이 포진하고 있다는 것이다.

한국의 삼성과 하이닉스 직원들은 넥타이를 매고 실리콘밸리를 출입한다. 메모리 반도체 분야기 때문이다. 메모리 반도체는 IT 산업의 '노가다'에 해당된다. 열심히 성실하게 잠 안 자면서 몸으로 때우는 분야라는 것이다. 반바지는 누구인가? 컴퓨터의 중앙처리장치CPU를 만드는 인텔이나 퀄컴의 직원들은 자유스럽게 티셔츠에 반바지를 입고 일을 본다. 반도체 분야보다는 중앙처리장치 만드는 인력들이 한 차원 높다. 높다는 것은 뭐로 아는

가? 자유롭고 창의적인지를 보고 안다. 일단 외모와 복장에서 그게 나타난다.

반바지보다 한 급 더 높은 차원이 스컹크다. 스컹크는 방귀 냄새가 독한 동물이다. 이 스컹크족은 몸에서 고약한 냄새가 많이 난다고 해서 붙여진 이름이다. 목욕을 않기 때문이다. 밤낮으로 연구에 몰두한 탓에 목욕도 하지 않고 자기 몸에서 나는 냄새에도 초연하다. 외모도 멋대로다. 거의 1960~70년대 히피 같은 옷차림에 머리 색깔도 형형색색으로 물들이고, 염소수염을 기른 경우가 많다. 기존 관습이나 규칙에 전혀 얽매이지 않는다. 스티브 잡스도 스컹크 군단의 만형 격에 해당되는 인물이었다. 구글, 애플, 오러클 같은 컴퓨터 소프트웨어를 만드는 천재들이 이 스컹크 군단을 이루고 있다. 인천공항에서 표 끊어주고 짐 나르고 청소하는 근로자들이 반도체 분야라고 한다면, 인텔이나 퀄컴은 공항 관제탑에 해당한다. 스컹크는 인천공항 전체가 톱니바퀴처럼 척척 돌아가게 하는 시스템을 만드는 역할을 한다.

문제는 이 스컹크 군단에 세계의 천재들이 모여 있다는 점이다. 마치 인도의 브라만처럼 우주의 시작과 끝, 생과 사, 시간과 공간의 제약에 대한 깊은 명상을 한다. 중세의 연금술부터 천체물리학, 진화생물학도 모여 있고, 한자 문화권의 선禪, 《주역》 64괘와 음양오행, 풍수도 연구한다. 실리콘밸리에 세계의 괴물들이 모여 있다.

객客 가家

한강의 마포麻浦 주변에는 상인들의 우두머리인 객주客主가 있었지만 중국에는 객가客家가 있다. 황하 이북에 살던 사람들이 사회 혼란기 때마다 후난 성, 광둥 성, 푸젠 성과 같은 중국 남쪽으로 이주하였다. 먹고살기 위해서 고향을 떠나 타향살이를 하는 이 실향민들을 가리켜 '객가'라고 불렀다.

객가는 떠돌면서도 자신들 고유의 문화를 유지하고 있었다. 예를 들면 4~5층의 성벽 높이로 둥그런 원형의 토담을 쌓고 그 안에서 수십 가구가 집단 거주하는 특유의 주택인 '토루土樓'가 그렇다. 아래층인 2~3층까지는 창문도 없는 데다가 흙벽 두께만 해도 1미터가 넘게 만들었다. 외부 공격을 방어하기 위해서다. 이러한 토루가 바로 객가인들이 외부 침입자들로부터 자신들을 지키기 위하여 고안해 낸 '전투 주택'이었다. 객가는 그만큼 기존 토착 세력으로부터 핍박과 천대를 받는 밑바닥 계층이었던 것이다.

밑바닥에서 물건이 나온다. '태평천국의 난'을 일으킨 홍수전도 광둥 성 객가 출신이고, 중국 혁명의 아버지 쑨원도 역시 광둥 성 객가 출신이다. 핍박을 받으면서도 오뚝이처럼 일어난 덩샤오핑鄧小平도 객가이고, 대만 선거 총통 당선자도 객가라고 알려져 있다. '태평천국의 난'과 '아편전쟁'의 세부 상황에 정통한 역사소설가 진순신은 홍수전을 따랐던 태평천국 초기의 추종자들은 대부분 객가인들이었다고 주장한다. 따라지 인생이었던 객가들의 유토피아가 태평천국이었던 것이다.

토박이들이 쓸모없다고 버려두었던 황무지를 객가인들이 몇 년 동안 열심히 개간해서 쓸 만한 땅으로 만들어놓으면 다시 토박이들이 이 땅을 빼앗아버리는 일이 빈번하였다. 객가인들은 피땀 흘려 일군 땅을 빼앗기지 않으려고 토박이들과 전투를 벌였다. 이 전투를 '계투械鬪'라고 불렀다. 계械는 무기를 가리킨다. 광둥, 광시 일대에서 계투를 벌이던 객가들이 모여 대규모 혁명으로 발전시킨 것이 바로 '태평천국의 난'이다.

어느 사회에서나 차별과 소외받던 집단이 모여서 반란과 혁명을 일으킨다. 한국 사회도 양극화가 심해지면서 '객가' 집단이 형성되고 있는 중이다.

방幫의 유래

중국 언론에 자주 등장하는 '방幫'이라는 글자가 있다. 석탄방, 상하이방, 석유방 등등. 방을 사전에서 살펴보면 '돕다', '패거리', '같은 고향 사람들 모임'이란 뜻을 가지고 있다. 이 방이 어떻게 시작됐는가?

중국 남북을 연결하는 대운하를 오가며 배에다가 쌀과 소금을 운반하던 뱃사람水夫, 수부들의 비밀결사에서 시작됐다고 본다. '태평천국의 난'에 정통한 대만 출신 역사소설가 진순신陳舜臣의 관점이다. 진순신에 따르면 '태평천국의 난' 발생에도 이 뱃사람들의 비밀결사가 큰 영향을 주었다는 것이다. 가담했다는 말이다.

중국 북쪽은 쌀이 부족해 강남에서 가져다 먹어야 하는 구조다. 강남 쌀을 북쪽으로 운반할 때 배를 타고 운하를 통해 올라갔다. 그런데 이 운하는 폭이 좁다. 쌀을 싣고 올라가는 배들을 운하 양쪽에서 도적들이 공격하기 쉬웠다.

18세기 말 인구가 배로 불면서 비적匪賊도 증가했다. 쌀을 뺏기지 않으려면 뱃사람들 스스로 방어하지 않으면 안 됐다. 한배를 타면 결속력이 강해지게 마련이다. 쌀 외에도 소금을 취급했다. 처음에 북에서 남으로 내려올 때는 빈 배로 내려왔으나, 뭐라도 싣고 내려오자는 생각을 하면서 소금을 싣고 내려오게 됐다. 소금은 국가 전매사업이라 일반인이 사고팔면 불법이었다. 아편도 배에 싣고 다녔다. 불법이었으므로 조직원들 간에 더욱 결속과 보안이 요구됐다.

주로 북쪽 사람들이 강남으로 내려와 쌀을 싣고 올라갔는데, 이들이 객지인 강남에 내려오면 먹고 잘 곳도 마땅치 않았다. 강남 항주杭州, 중국어 발음 항저우에 살던 북방 출신 유력자 전씨錢氏, 옹씨翁氏, 반씨潘氏가 각각 암자를 지어 동향인 북쪽 뱃사람들에게 숙식을 제공한 것이 초기의 조직 거점이 됐다고 전해진다. '항주삼암杭州三庵'이 이것이다.

수부들의 결사 조직을 처음에는 안청방安淸幇이라고 했다가 나중에는 청방淸幇이라 불렀다. 짐꾼, 행상, 도붓장수들도 여기에 합류했다. 청방은 중국 암흑가의 대명사가 되었다. 직업 길드 조직에서 마피아로 발전한 것이다. '청방'은 오늘날 여러 가지 '방'의 원조에 해당한다.

솥단지의 상징

언젠가 경남 진주시 지수면에 있는 지수초등학교 학부모들이 학교에다 솥단지를 걸어놓고 학생들에게 먹일 닭죽을 직접 끓이는 장면이 보도되었다. 지수초등학교의 솥단지를 보니까 영감이 떠올랐다. 이 학교는 한국의 재벌 창립자들을 배출한 학교이기 때문이다. 삼성의 이병철, LG의 구인회, GS의 허정구가 모두 지수초등학교를 나왔다.

지수에서 가까운 남강의 복판에는 '솥바위'라고 불리는 커다란 바위가 있다. '정암鼎岩'이라고도 한다. 솥단지 모양의 이 바위 밑 물속으로는 다리 3개가 뻗쳐 있다. 구한말에 여기를 지나가던 어떤 도사가 이 솥바위를 보고 "반경 30리 이내에서 국부國富 3명이 나온다"는 예언을 하였다고 한다. 우연의 일치인지는 몰라도

삼성三星, 금성金星, 효성曉星이 모두 이 근처에서 나왔다.

솥단지는 밥을 상징한다. 밥은 생명이다. 밥에서 권력이 나온다. '이식위천以食爲天, 밥이 하늘이다'이 그것이다. 그래서 중국의 고대 황제들은 세 발 달린 솥단지를 왕권의 상징으로 여겼다. 뒤집어 보면 왕은 백성에게 밥을 먹여줄 수 있는 능력이 있어야 진짜 왕이라는 말이다. 그리스 델피Delphi 신전의 박물관에도 다리 3개 달린 솥단지가 성스러운 유물로 보존되어 있었다.

전북 김제 모악산의 금산사金山寺는 신라 시대 진표율사眞表律師 이래로 한국 미륵 신앙의 메카다. 약 10미터 크기의 장엄한 미륵불이 미륵전에 모셔져 있다. 그런데 서 있는 미륵불의 발밑에는 커다란 검은색의 무쇠 솥단지가 받쳐져 있다. 엄청난 크기의 무쇠 솥단지 위에 미륵불이 서 있는 형국이다. 옛날에는 금산사 순례객들이 '재수 있다'고 해서 반지하에 있는 이 무쇠솥을 손으로 한 번씩 만져보는 것이 관례였다.

금산사는 김제·만경 곡창지대의 중심지이고, 가을 추수가 끝나면 농부들이 쌀을 가지고 와서 추수감사제를 올렸던 곳이다. 미륵전의 커다란 쇠솥은 이 곡식을 가지고 밥을 해준다는 의미의 종교적인 솥단지 아니었을까? 미륵불(메시아)이 밥을 해주는 셈이다. 솥단지의 밥은 혼자 먹으라는 밥이 아니다. 모두 나눠 먹는 밥이라는 점에서 성스러운 의미를 띠고 있다.

철새의 상징

공자님이 세상 살면서 가장 어렵다고 한 것이 바로 '시중時中'이다. '시중'이란 '적절한 시간'이다. 이 세상에서 어떤 일을 시작해야 하는 타이밍과 그만두어야 하는 타이밍을 알기가 가장 어렵다.

'때'를 아는 일이야말로 모든 판단력의 정점이요, 최상위급 지혜에 해당한다. 철이 든다는 것은 때를 안다는 말이다. 봄이면 씨를 뿌려야 하는 시간이고, 겨울이면 저장해야 하는 시간이다. 이걸 모르면 인생에서 헤맨다.

겨울이 되면 어김없이 한반도로 날아오는 철새들을 우리 조상들은 신기한 새로 여겼다. 때가 되면 어김없이 날아오니까. 중앙아시아와 만주를 비롯한 동북아시아의 고대인들은 이 철새를 숭배하였다. 죽은 조상의 영혼이 새로 변하여 다시 돌아오는 것이

라고 여겼던 것이다. 죽은 영혼이 하늘로 갔다가 다시 지상으로 돌아온다고 여기는 사생관死生觀에서 볼 때, 하늘을 자유롭게 날아다니다가 때가 되면 돌아오는 철새는 사람의 영혼을 상징하기에 딱 들어맞는 습성을 가지고 있었다.

새의 형상으로 만들어놓은 '솟대'를 동네 입구에 세워놓은 것이 그러한 숭배의 전통을 말해 준다. 고대인들은 철새가 날아오면서 조상의 메시지를 가져온다고 생각하였다. 동북아시아의 솟대는 '새점占'의 전통이 매우 뿌리 깊음을 알려준다.

이 지역에는 철새뿐만 아니라 날아다니는 조류를 신성하게 여기는 신화가 퍼져 있다. 청나라 민족의 시조인 아이신기오로愛新覺羅도 하늘에서 내려온 새神鵲가 물고 온 열매를 먹고 임신한 선녀가 낳은 아들이다. 하늘의 메신저가 '새'라는 말이다. 신라의 박혁거세가 알에서 태어났다는 설화나 닭 계鷄 자를 써서 계림鷄林이라고 이름 붙인 것도 조류 숭배 전통을 계승한 것이다.

서양은 시간을 중시하였고, 동양은 공간을 마음대로 다닐 수 있는 이동의 자유를 더 중시한 경향이 있다. 철새는 이 공간 이동의 자유를 상징하는 생물이다. 수천 년 동안 솟대에 모셔놓고 신성시한 이 철새가 이제는 조류인플루엔자를 옮기는 문제의 새로 전락하였다.

메이지유신과 사쿠라지마

일본 가고시마鹿兒島 시에 가보니까 버스 정류장에 한문으로 '明治維新故鄕'이라고 적힌 안내판이 보인다. 일본에서는 '유신삼걸維新三傑'을 꼽는다. 기도 다카요시木戶孝允, 사이고 다카모리西鄕隆盛, 오쿠보 도시미치大久保利通다. 이 삼걸 가운데 2명인 사이고 다카모리와 오쿠보 도시미치가 가고시마 출신이다.

가고시마는 사쓰마번薩摩藩을 일컫는다. 삼걸 가운데 나머지 한 명인 기도 다카요시는 사쓰마의 이웃인 조슈번長州藩 출신이다. 사쓰마와 조슈는 16세기부터 해상무역을 통해 경제력, 정보, 서양 문물을 가장 먼저 받아들인 개화 지역이었으므로 파워가 있었던 것이다. 메이지유신은 사쓰마와 조슈 출신 인물들이 들고일어나 성취한 변혁이었다. 일본 근대사는 중심부가 아닌 변두리에서 역사 변혁의 드라이브가 시작된 셈이다. 가고시마는 사이고와 오쿠보 외에도 대략 30명에 가까운 지사가 유신 정부에 참여해 핵심 역할을 했다고 한다. 가고시마 역전에는 이러한 지사들의 동상이 서 있으니 가고시마는 유신의 고향이라고 할 만하다.

풍수가風水家는 인물이 태어난 고장에 가면 역사歷史라는 씨줄도 보지만, 지령地靈이라는 날줄도 함께 본다. 사이고와 오쿠보는 같은 동네 출신 죽마고우였다. 이 동네 옆으로는 갑돌천甲突川, 고쓰키가와이 흐르고, 동네 앞으로는 바다다. 바다 건너 4킬로미터 거리에는 '사쿠라지마櫻島'라는 섬이 있는데 이게 물건이다. 동네 앞에 뭐가 있느냐가 중요하다. 약 1천 1백 미터 우뚝한 높이의 산꼭대기에는 연기가 치솟고 있다. 활화산인 것이다. 오행으로 보면 뾰족뾰족한 형태의 화체火體 산이다. 나무가 없는 산의 골짜기가 칼날처럼 날카롭게 다가온다. 동네 앞으로 이렇게 날카롭고 험하게 생긴 산이 버티고 있으면 기가 센 조폭이나 장군이 배출되는 경우가 많다. 학문을 연마하고 도덕적 명분을 가지면 장군이 되고 무식하면 깡패가 된다. 유신의 인물들은 아마도 이 사쿠라지마의 화기火氣를 받고 태어난 것 같다. 메이지유신 이래 서남쪽 변두리 인물들이 중앙으로 진입해 주도적 역할을 한 까닭에 일본에는 지역 차별이 한국처럼 심하지 않다.

델피 신전의 신탁神託

역사의 밑바닥에는 신탁神託이 깔려 있다. 기원전 5세기 헤로도토스가 쓴《역사》를 보면 약세였던 그리스 연합군이 강대국 페르시아를 이긴 결정적 전투가 '살라미스해전'이었다. 아테네가 살라미스에서 페르시아를 이길 것이라는 신탁이 이미 예언되어 있었는데, 이 결정적 점괘를 받은 장소는 바로 델피Delphi 신전이었다. 뒤집어 보면 헤로도토스《역사》의 핵심 주제는 신탁oracle이었고, 신탁의 중심에는 델피가 있었다. 기원전 지중해권에서 전쟁이나 국가 대사를 결정하려면 먼저 델피에 가서 물어봐야만 했던 것이다. 델피는 대략 B.C. 7세기에서 A.D. 3세기까지 무려 1천 년 동안 지중해권 역사의 수레바퀴를 좌우했다고 해도 과언이 아니다.

신탁의 정확도는 지령地靈에 비례하게 마련이다. 어느 정도나 델피 터가 영험하단 말인가? 2,457미터 높이의 파르나소스Parnassos 산이 구불구불 뻗어 내려온 자락 중간에 델피 신전은 자리 잡고 있었다. 파르나소스 산은 항상 눈이 많아서 그리스 사람들이 스키를 타는 명소라고 한다. 신전 터의 해발 높이는 700미터 정도였다. 이 높이는 고기압과 저기압이 만나는 높이이므로 사람에게 가장 쾌적한 고도다. 신전 뒤로는 높이 200미터, 가로로 약 1킬로미터 정도 길이의 바위 절벽이 병풍처럼 둘러쳐져 있다. 이처럼 수직으로 높이 솟은 바위 절벽에 오면 보통 사람은 약간 짓눌리는 듯한 기운을 느낀다. 바위 절벽에서 지기地氣가 방사되기 때문이다. 엄청난 터였다.

기도발이 발생하려면 앞산을 주목해야 한다. 앞산이 적당히 터를 막아주어야 하기 때문이다. 약 1천 미터 높이의 바위산인 헬리콘Helicon 산이 앞산案山, 안산이다. 너무 높지도 않고 낮지도 않은 적당한 높이다. 헬리콘 산에 대해 현지 가이드에게 물어보니까 뮤즈Muse, 예술의 여신 9명가 머무르는 산이라는 설명이다. 그렇다면 고대 그리스인들도 안산(앞산)이 발생시키는 묘용妙用에 대해서 충분히 알고 있었다는 추론이 가능하다. 한국의 풍수 이론이 그대로 적용되는 것이다. 오른쪽 백호 자락 너머로는 물 빠지는 수구水口가 잘 막혀 있고, 그 수구 너머로 바다인 코린트 만灣이 전개되어 있어서 물도 충분한 명당이었다.

산토리니의 비보裨補

그리스 에게 해海를 여름에 돌아보니 호수같이 평화로운 바다였다. 여름에 태풍이 없다는 것이다. 바다가 이렇게 비단결같이 고울 수 있는가! 거기에다 바닷물 색깔은 코발트색 같기도 하고 로열블루 같기도 하다. 에게 해는 물 색깔이 사람을 매료한다. 섬이 대략 6천 개라고 한다. 그중에서 가장 아름다운 섬을 꼽는다면 산토리니다. 큰 배에서 내려 작은 통통배로 갈아타고 항구에 접근했다.

산토리니의 중심부인 '피라' 마을에 접근하면서 바라보니 이 동네는 백척간두 터에 하얀 집들이 올라앉은 대단히 위압적인 광경이었다. 붉은색이 감도는 화산 절벽이 수직으로 260미터나 솟아 있었고, 그 절벽 꼭대기에 사람들 사는 하얀 집이 옹기종기 자리 잡고 있었다. 바닷가 배에서 섬을 바라볼 때는 '어떻게 저런 높은 절벽 꼭대기에 사람들이 집을 지어놨을까' 하는 생각이 들었다.

기원전 1450년에 엄청난 화산 폭발이 있었다. 그 폭발 소리가 북유럽까지 들릴 정도였다고 한다. 섬 중서부가 바다 밑으로 가라앉아 버리면서 깎아지른 절벽을 형성했고, 사람들이 그 망루 같은 위치에다 동네를 이뤘다. 해적이 쳐들어오면 곧바로 알아채기 위해서였다. 그림엽서에 파란색 둥근 돔 지붕이 나오는 '이아' 마을은 피라에서 북쪽으로 11킬로미터 더 가야 한다. 에게 해 최고의 석양을 보려고 모여든 세계 각국 관광객으로 좁은 골목길이 미어터질 지경이었다.

이아 마을도 깎아지른 절벽 기슭에 자리 잡은 달동네였다. 집도 작고, 담장도 없이 다닥다닥 붙어 있다. 사람 살기에 아주 힘든 척박한 지형이었다. 그런데 이 악조건을 한 방에 해결한 묘책이 바로 흰색 페인트칠이었다. 석회를 섞어서 칠한다. 석회가 들어가면 소금기의 해풍에 잘 견딘다고 한다. 또한 흰색은 파란 바닷물 색깔과 가장 잘 어울리는 배합이라는 것을 오래전부터 산토리니 사람들은 알았던 것이다. 교회 지붕은 모두 파란색으로 칠했다. 흰색 집과 파란색 교회 지붕의 조화. 이 절묘한 배합이 전 세계 사람을 산토리니로 불러 모으고 있는 것이다. 산토리니 풍수의 비보裨補는 색色이었다. 흰색과 파란색.

고린도, 사자망고 獅子望庫

그리스 고대 신전과 왕궁 터를 보면서 감탄을 금치 못하고 있다. 그 터의 입지 조건이 한국의 명당과 너무나 비슷하기 때문이다. 왜 이렇게 비슷한지 모르겠다. 물이 감아 돌고 좌청룡 우백호로 감싸주면서 바닥에서는 바위 기운이 강하게 올라오는 터를 이 사람들도 똑같이 선호하였다.

애당초 터를 잡은 그리스의 고대 신관들도 땅에서 올라오는 지기地氣를 충분히 알고 있었다는 추론이 가능하다. 코린트Corinth, 고린도가 그렇다. 성경 〈고린도전서〉의 현장이기도 하다. 발칸반도의 끝자락과 펠로폰네소스반도가 병목처럼 이어지는 지점이다. 이 병목 좌측에는 이오니아 해海가 있고 우측에는 에게 해가 포진하고 있다. 두 군데 강물이 합쳐지는 합수처合水處를 양수리兩水

里라고 해서 돈이 모인다고 본다. 고린도는 두 군데 바다가 합쳐지는 양해 시兩海市에 해당한다. 풍수에서 물은 돈으로 본다. 고대에 물류 수단은 선박이고, 선박에서 돈이 나왔다. 두 바다를 왕래하려면 고린도를 통과해야만 하였다. 약 6.5킬로미터 구간을 통과할 때는 배를 수레에다 옮겨 싣고 양쪽에서 밧줄로 사람이 끌어당기며 운임을 받았다고 한다. 수륙양용水陸兩用의 십자물류十字物流 포인트가 고린도였던 것이다.

고대 그리스는 '뱃사람이 천하의 근본船者天下之大本'이었던 세상이었고, 3천 년 전 고린도는 뱃사람의 도시였으므로 천하의 돈과 매춘부가 운집하였다. 고린도의 주산主山은 시시포스의 신화로도 알려진 약 550미터 높이의 바위산(아크로폴리스)이다. 절벽이 둘러싸고 있어서 요새처럼 보인다. 멀리서 바라보니 마치 사자가 갈기를 휘날리며 우뚝 서 있는 사자산獅子山 모습이다. 산꼭대기에 올라가서 보면 사자가 두 바다를 동시에 감시하는 형국이다. 사자의 정면으로 멀리 테이블같이 산이 자리 잡고 있길래 가이드에게 물어보니까, 그레니아 산(1천 3백 미터)이라고 한다. 보물 창고에 해당하는 토체土體 산이다.

한국 풍수가 관점에서 고린도의 이름을 붙인다면 '사자망고獅子望庫'다. 그렇지만 천하의 시운時運이 바뀌니까 그 선박들이 수에즈나 파나마 운하로 건너가고 말았다.

견유학파犬儒學派와 불도그

고대 희랍에 견유학파犬儒學派, Cynics가 있었다. 학파 이름치고는 특이하다. 왜 이름에 하필 개 견犬 자를 넣어야만 했을까.

견유학파의 대표적 인물이 디오게네스다. 알렉산더대왕이 만나러 와서 "뭐 도와드릴 거 없느냐"고 물었을 때 "햇볕 가리지 말고 자리 비켜주시오"라고 했던 철인이다. 견유학파는 '개처럼 사는 생활'을 하였다고 해서 붙여진 이름이다. 디오게네스는 집도 절도 없이 통 속에서 살았다고 전해진다. 뚜렷한 거처 없이 개처럼 여기저기 얻어먹으면서 살았던 모양이다. 견유학파는 행복이 물질적 소유에 있지 않다고 여겼다. 무소유와 금욕적인 생활, 자기 내면의 자긍심에서 행복을 찾았다. 디오게네스가 살았던 고린도는 사치와 매춘부가 범람하던 도시였다. 그는 매춘하러 가는 사람들을 향해서 "개를 봐라. 교미를 할 때 다 보는 데서 하지 않느냐. 그런데 인간들은 왜 안 보이는 데 가서 섹스를 하느냐. 기왕 할 것이면 개처럼 보이는 데서 해라"라고 주장하였다. 이중적인 위선을 질타했던 것이다.

견유학파의 주장을 들어보니까 '개'로부터도 배울 것이 있다는 문제의식을 갖게 되었다. 내가 배울 만한 개라고 주목한 개는 잉글리시 불도그다. 불도그는 그 표정이 우스꽝스럽다. 아주 멍청한 표정이라고나 할까. 코도 납작한 데다가 이빨도 듬성듬성 난 것 같고, 평소에는 침을 질질 흘리면서 입을 헤벌리고 있다. 못생긴 모습이 이루 말할 수 없다. 그런데 불도그의 이 멍청한 표정을 보면 왠지 모르게 마음이 편해진다. 예쁘게 보이려고 인간은 온갖 치장을 다 하는데, 불도그는 이 과도한 치장을 포기한 모습이기 때문일까. 행동도 아주 느리다. 옆에 낯선 사람이 가도 쉽게 반응을 하지 않는다. 눈만 살짝 떴다가 다시 감고 누워버린다. 태연자약하다. 온갖 근심 걱정에도 불구하고 저 불도그처럼 태연자약할 수 있다면 얼마나 좋을까. 가히 대인의 풍모를 느낀다.

그리스의 섬들을 돌아다니다가 온통 흰색으로 칠해진 미코노스Mykonos 섬에 들렀을 때였다. 붉은 석양이 지던 항구에서 구멍 난 청바지를 입은 중년 남자가 색소폰을 불며 구걸하고 있었다. 동전이 들어 있는 주인의 모자 옆에 무심하게 앉아 있던 불도그의 표정이 뇌리에 남는다.

심우장尋牛莊에서 크노소스 궁전까지

서울 성북동 고갯길을 올라가다 보면 도로 위쪽에 심우장尋牛莊이라고 하는 한옥이 하나 보인다. 일제 감시하에 외롭고 추운 말년을 보낸 만해 한용운의 거처가 됐던 집이다.

심우장은 만해를 후원했던 계초 방응모를 비롯한 지인들이 돈을 대서 지어준 사연 있는 집이다. 왜 집 이름을 '소를 찾는다'는 뜻의 심우장으로 하였을까? 만해는 평생 소를 좋아하였다. 그는 가는 데마다 '심우'를 간판으로 걸어놓았다. 소는 '통제되지 않는 무의식'을 상징한다. 무의식은 황소처럼 힘이 세다. 그러나 코뚜레를 끼워서 잘 다루면 말을 듣는다. 길이 들면 수레에 무거운 물건도 실어 나르고 논밭을 가는 쟁기질도 해준다. 사찰의 법당 벽에 그려져 있는 〈목우십도牧牛十圖〉가 이것이다. 눈으로는 보이지

않는 이 무의식이 사실은 우리 삶의 배후 조종자라는 사실을 파악하고, 이 무의식을 소처럼 잘 다뤄서 길들이는 과정이 〈목우십도〉이고 공부길이라는 관점이다. 《능엄경楞嚴經》에서는 대력백우大力白牛를 항복받는 일이 수행의 핵심이라고 하였다. 인도의 힌두교에서 소를 잡아먹지 않고 숭배하는 이유도 이러한 종교적 배경과 관계가 있다. 농경문화권에서 소는 농사에 필수적인 노동력이기도 하면서 종교적 영성을 상징했다.

크레타 섬의 크노소스궁전 유적지에 가니까 머리는 소이고 몸은 사람인 반인반우半人半牛의 괴물 미노타우로스 이야기가 있다. 미로로 되어 있는 이 궁전에 미노타우로스가 살고 있었는데, 나중에 아테네의 영웅 테세우스가 죽인다고 나온다. 크노소스궁전터를 보니까 청룡, 백호, 주작, 현무가 주변을 완벽하게 감싸고 있는 명당이었다. 한가운데 언덕에 자리 잡은 궁전은 언덕을 둘러싸고 2~3층 집들을 벌집처럼 연결해 놓은 구조였다. 크레타의 위치는 이집트의 농경문화가 그리스의 해양 문화로 건너가는 중간다리 지점이다. 미노타우로스 신화는 농경이 해양으로 건너가는 과정에서 겪는 변화를 설명한 것으로 해석된다. 육지에서 화물을 운반하고 논밭을 갈던 소가, 바다에서 배를 타고 다니면서 상업을 하는 해양 문화권에서는 쓸모가 없는 것 아니겠는가. 심우장의 소가 머나먼 크레타까지 갔던 것이다!

카일라스 산

산 중의 산이 수미산須彌山이다. 보통 카일라스Kailas 산이라고 부른다. 티베트 서쪽 히말라야산맥에 자리 잡고 있는데, 카일라스는 산스크리트어로 '수정水晶'이라는 뜻이라고 한다. 높이는 6,656미터인데 온통 바위산이다. 힌두교, 불교, 자이나교, 티베트 본교에서 모두 공통적으로 떠받드는 성산聖山이다.

왜 카일라스를 산 중의 산이라고 떠받드는가? 기운이 그만큼 강하기 때문이다. 기운이 강해야 사람에게 에너지를 주고 마음을 정화해 주는 작용을 한다. 카일라스에 가면 세상 근심을 털어내고 다시 거듭나는 듯한 체험을 한다고 한다. 카일라스는 생긴 모습도 특이하다. 산 전체가 하나의 통바위로 되어 있다. 7천 미터 가까운 높이의 산이 하나의 통바위로 되어 있는 경우는 매우 드물다. 산 전체가 하나의 봉우리로 되어 있으면 여러 개로 나누어진 봉우리보다 에너지가 강하다.

카일라스라는 이름처럼 바위 속에 진짜 '수정'이 가득 차 있다고 하면 보통 화강암보다 훨씬 기운이 강하면서 맑을 것이다. 멀리서 보면 카일라스는 남자의 생식기처럼 보인다. 그래서 '시바 링감'이라고 부른다. 양의 기운이 가득 차 있다. 양의 에너지가 강하면 음의 에너지도 자동적으로 달라붙게 되어 있다. 플러스가 있으면 마이너스도 같이 간다. 카일라스 주변 허공에는 음의 에너지인 '샥티요니'도 역시 가득 차 있다고 히말라야 도사들은 말한다. 샥티요니는 우주의 모성 에너지이자 우주의 자궁이라고도 지칭한다.

사람이 죽으면 육체에서 빠져나온 영혼이 우주의 자궁인 샥티요니 속으로 들어간다고 히말라야 요기들은 믿는다. 사람이 죽어서 영혼이 샥티요니 속에 들어가 있는 시간은 대강 49일로 계산한다. 영혼에도 7개 차크라가 있고, 차크라 1개당 7회의 회전을 한다는 것이다. 회전을 하는 이유는 살아생전의 죄[業]를 씻어내면서 동시에 새로운 시간을 저장하기 위해서다. 여기에 총 49일이 소요된다. 영혼은 49일 동안 우주의 자궁 속에서 재정비(?) 작업을 끝내면 다시 인간의 자궁 속으로 들어온다. 대자궁大子宮에서 소자궁小子宮으로 이동하는 것이다. 카일라스는 가볼 만한 산이다.

자항보도 慈航普渡

동물의 왕국에서도 물을 건넌다는 것은 대단히 위험한 일이다. 아프리카의 얼룩말과 누는 풀을 쫓아서 이동한다. 문제는 강을 건너야만 하는 상황이다. 강물에는 날카로운 이빨에 커다란 입을 가진 악어 떼들이 득실거린다. 강을 건너다가 악어 밥이 된다. 《주역》에 보면 '이섭대천利涉大川, 큰 강을 건너면 이롭다'이라는 단어가 자주 나오는데, 이섭대천의 생생한 사례를 아프리카의 누 떼가 보여준다.

고대 세계에서 인간이 큰 강을 건너는 것은 목숨을 거는 위험한 일로 간주되었다. 더군다나 대해大海를 건넌다는 것은 강을 건너는 것보다 몇 배나 더 어려운 대모험이었다. 배를 타고 무역을 해야만 먹고살 수 있었던 고대 희랍인들은 포세이돈이라는 바다

의 신을 섬겼다. 고대 동아시아에서는 용龍을 바다의 신으로 섬겼다. 용왕龍王이 바다의 풍랑을 지배하고, 바다 밑바닥에는 용궁龍宮이 있다고 믿었다. 신라 문무왕은 자신이 죽은 후에 해룡海龍이 되어서 나라를 지키겠다고 서원誓願하였다. 불교가 수입되면서 이 용왕의 역할이 관음보살觀音菩薩에게로 넘어간다. 바다의 용은 관음보살의 심부름꾼으로 역할이 조정된다.

중국의 동해안 지역 불교 사찰에 가보면 '자항보도慈航普渡'라는 편액이 걸린 곳이 많다. '자비로운 배로 많은 사람을 무사히 건너게 해준다'는 뜻이다. '자항보도'는 관음보살을 가리키는 대명사다. 관음은 바다의 풍랑을 잠재우고 무사히 건너게 해주는 역할이었다. 동아시아는 바닷가에서 관음 신앙이 강했다. 배를 타고 먼바다를 건너야만 먹고살 수 있었던 뱃사람들의 신앙이었던 것이다.

관음은 33가지의 모습으로 나타나는데 그중 하나가 '천수천안千手千眼'이다. '천 개의 손과 천 개의 눈'을 가진 형태다. 왜 천 개의 손과 천 개의 눈인가? 해난 사고가 발생하였을 때 한꺼번에 물에 빠진 많은 사람을 건지려는 상징이다. 동아시아 해상무역을 주름잡았던 장보고 선단船團이 믿었던 신앙도 관음 신앙이다. 장보고의 해상무역과 신앙의 근거지였던 중국 산둥의 적산법화원赤山法華院도 관음을 모셔놓고 있었다. 해난 사고는 고대나 지금이나 공포스러운 재난이다.

북애자北崖子의 역사 인식

한국에는 유교 사학, 불교 사학, 도가 사학이 있다. 유교 사학은 김부식의《삼국사기》가 대표하고, 불교 사학은 일연의《삼국유사》고, 도가 사학은 조선 숙종조(17세기)에 살았던 북애자北崖子의《규원사화揆園史話》를 꼽는다.

유교의《삼국사기》보다는 불교의《삼국유사》가 더 자주적인 성향을 보인다. 중국의 영향력으로부터 더 자유롭다는 말이다. 단적인 예가 단군조선檀君朝鮮에 대한 부분이다.《삼국사기》에서는 이 부분을 다루지 않고 생략해 버렸지만,《삼국유사》에서는 정식으로 소개하고 있다. 한민족의 출발이 중국과는 다르다는 점을 분명하게 짚고 넘어간 일연 스님의 자주적인 역사 인식이 드러난 것이다.

유가는 중국과 우리와의 관계를 군신君臣 관계 또는 주종主從 관계로 여긴다. 하지만 한국의 불교는 그 정도까지는 생각하지 않는다. 불교는 깨달음을 얻으면 내가 곧 우주가 된다梵我一如는 사상 체계다. 군신이 어디에 있고, 주종이 어디에 있겠는가! 중심과 변두리의 구분이 무의미하다고 여긴다. 그런데 《삼국유사》보다 한 차원 더 나간 자주적인 입장에서 우리 역사를 서술한 사서가 바로 도가의 《규원사화》라는 것이다. 한영우 선생의 〈17세기의 반존화적反尊華的 도가사학道家史學의 성장〉이라는 논문이 그렇다. 《규원사화》에서는 '조선이 윗대 조상이 같은 청나라와는 연합하고, 북쪽의 야인野人, 밑으로는 왜倭와 연결하면 한漢의 오만을 꺾을 수 있다'는 주장을 펼친다. 한족漢族을 상대로 주변 민족들이 대동단결해야 한다는 말이다. 지금 생각해 보아도 굉장히 유연한 생각이다. 임진왜란과 병자호란에서 엄청나게 피해를 겪은 뒤인데도 불구하고 왜倭와 호胡에 대해서 연대를 해야 한다고 주장하고 있다. 청淸과 왜倭를 적대시하면 한漢과 대항할 수 없다는 것이다. 감정을 앞세울 일이 아니다. 냉철하게 중국의 하는 짓을 보아야 한다.

북애자라는 인물은 과거에 낙방하고 전국 산천을 떠돌면서 암혈巖穴에 묻혀 강호의 학문을 공부한 인물이다. 강호가 바로 도가 아니던가! 대인의 풍모는 어디로 가고 사사건건 불매운동만 하는 중국을 보면서 북애자 어른이 그리워진다.

삼성혈三姓穴과 김정은

제주 시내 이도동에는 유적지로 보존되어 있는 삼성혈三姓穴이 있다. 나지막한 숲 속의 구릉지대 가운데 약간 움푹 파인 곳에 3개의 구멍이 나 있는데, 이 3개의 구멍에서 제주의 시조 성씨인 고高·양梁·부夫씨가 솟아 나왔다고 전해진다.

이 구멍들의 모양이 예사롭지 않다. 구멍 3개가 '品' 자 형태로 배치되어 있다. 3개라는 숫자와 品 자라는 형태가 주목되는 부분이다. 이 구멍 3개는 탯줄을 상징한다고 보는 해석이 있다. 신화 전문가인 김영균金映均 박사에 의하면 탯줄에는 3개의 큰 혈관이 흐른다고 한다. 동맥 2개와 정맥 1개가 그것이다.

우리 신화에 생명을 점지해 주는 산파신産婆神으로 등장하는 '삼신할머니', '삼승할망'이 있다. 여기에서 '삼三'이 등장하는 이유는 이 탯줄 내의 동맥 2개와 정맥 1개 때문이라는 주장이다. 따라서 '삼신할머니'는 탯줄을 신격화한 셈이다. 제주의 삼성혈도 탯줄을 상징한다는 해석이 가능하다. 이것은 김영균 박사의 저서 《탯줄코드》에서 읽은 이야기다. 또 탯줄을 자른 단면도의 모습은 바로 삼성혈처럼 3개의 구멍 형태가 品 자 모양으로 배치되어 있다. 이런 각도에서 본다면 삼성혈은 우주의 배꼽(옴파로스 Omphalos)인 것이다.

삼성혈에서 시작된 고씨高氏들은 전국으로 퍼졌다. 북한 김정은의 어머니인 고영희도 제주 고씨다. 신문 보도에 의하면 김정은의 외가인 고씨들 집안 묘지가 제주시 봉개동에 있다고 한다. 탐라 고씨 신성악파 흥상공계興祥公系다. 나는 아직 이 묏자리를 가보지 못해서 어떤 형국의 터인지는 모르겠다.

김정은의 이복형인 김정남의 외가도 북한이 아니라 경남 창녕이다. 성혜림이 창녕 성씨成氏로, 창녕의 만석꾼 집안으로 유명한 '창녕 성부자' 집안 딸이다. 화왕산火旺山을 바라보고 있는 창녕 성부자 집터는 오공혈蜈蚣穴에 자리 잡고 있다. 오공혈은 발이 많은 지네 명당을 가리킨다.

김일성이 전주 김씨全州 金氏인데, 전주 김씨 시조묘始祖墓인 김태서金台瑞, ?~1257의 묘도 전북 완주군 모악산 자락에 있다. 생전에 김일성, 김정일 부자도 모악산 시조묘에 관심이 아주 많았다고 전해진다.

아베는 백제계百濟系?

한국에서 80대의 원로 석학 세 분을 꼽는다면 김동길, 이어령, 김용운 선생이다. 김동길은 조선 선비의 직설直說이 있고, 이어령은 기발한 해석, 김용운은 통찰을 준다. 김용운은 '고대한일 관계사'에서 흥미로운 사실을 전한다. 얼마 전 나와의 대담에서 피력한 '일본 총리 아베 신조安倍晋三는 그 뿌리가 백제계百濟系'라는 관점도 그렇다. 아베의 조상을 쭉 거슬러 올라가면 아베노 히라후阿部比羅夫가 나온다는 것이다. 고대 일본식 이두 표현법에 의하면 '아阿'나 '안安'이나 똑같은 의미라고 한다. 아베노 히라후는 663년에 백제의 백강白江, 동진강으로 추정에서 벌어진 백강 전투의 대장이다. 660년에 나당 연합군에 부여가 함락되자 분국分國이었던 일본 측에서는 본국本國인 백제를 지원하기 위하여 약

500여 척의 배에다가 4만 명의 병력을 보냈다. 아베노 히라후는 이 지원군의 총사령관이었다.

결과는 일본 측의 대패였다. 일본에서 백강까지 오는 뱃길이 너무 멀었던 데다가, 현지 상황을 몰라 썰물이 되자 백강의 벌에 일본 배들이 걸려 오도 가도 못하였다. 400척의 배가 불타고 3만 2천 명이 죽었다. 지금 인구 비율로 환산하면 60만 명이 몰살당한 셈이다. 아베노 히라후는 겨우 목숨을 건져 일본으로 돌아갔지만, 자기 본거지였던 규슈에는 부하도 없고 영토도 사라져 버렸다. 할 수 없이 도쿄 근처의 나가노로 근거지를 옮길 수밖에 없었다. 나가노의 호타카 신사穗高神社에는 히라후의 동상이 세워져 있고, 매년 백강 전투가 벌어졌던 8월 하순이 되면 두 배가 전투하는 장면을 보여주는 축제가 열린다고 한다.

아베 총리의 정치적 근거지는 규슈의 야마구치山口다. 히라후의 고향도 이 근방이었다. 규슈는 백제 사람이 몰려 살았던 곳이다. 후에 조슈번長州藩이 된 이곳은 번주藩主가 모리가毛利家였다. 역대 번주들은 자신들이 백제 왕자 후손임을 자랑스럽게 밝혀놓았고 무덤도 백제식으로 만들었다는 것이 김용운 선생의 지적이다. 야마구치 시의 용복사龍福寺, 류후쿠지에 역대 번주의 초상화가 있다. 이 조슈번이 정한론征韓論의 발상지다. 신라에 대한 백제의 원망이 서려 있는 곳이다. 아베는 그 조슈번 출신이다.

청 태종과 월롱산성月籠山城

을미년을 맞았을 때 파주 월롱산성月籠山城에 올라갔다. 가난에 시달리면서도 항상 수불석권手不釋卷, 손에서 책을 놓지 않음하는 묵개默介 선생이 한번 올라가 보기를 권유했기 때문이다. 해발 246미터밖에 안 되는 낮은 산성이지만 주변 일대의 풍광이 한눈에 들어오는 전략 요충지다.

월롱산성은 1636년 병자호란 때 청 태종인 홍타이지가 서울 입성을 앞에 두고 3일간 머물며 제단을 쌓고 제사를 올렸던 터다. 왜 서울을 코앞에 두고 한가하게 3일간이나 머물렀을까? 홍타이지는 월롱산성에서 북한산을 바라보다가 죽은 아버지인 누르하치의 모습을 보았다. 북한산 모습이 아버지 문수보살文殊菩薩로 보였던 것이다. 아! 문수보살이 여기에 계시는구나! 누르하치는

생전에 자신을 문수보살의 화신이라고 주장했다. 홍타이지는 조선을 치러 왔다가 전혀 생각지도 않게 월롱산성에서 죽은 아버지의 얼굴을 발견하고 '문수' 개념을 체득한 것이다.

누르하치는 왜 문수보살을 강조했을까? 그때까지만 해도 여진족은 건주, 해서, 야인으로 분열되어 있었다. 민족을 통합하자면 문수보살이 필요하다. 문수는 지혜, 즉 화엄華嚴 사상의 지혜를 상징하는 보살이다. 화엄은 '일즉다一卽多 다즉일多卽一'이 핵심이다. 통합을 상징하는 인격인 것이다. 여진족 발음으로 '만주滿洲'는 '문수文殊'라는 뜻이라고 한다. 백두산은 문수보살이 상주하는 산이라고 여겨졌다.

당시 30만 인구에 불과했던 여진족이 1억이 넘는 명나라를 차지하기 위해서는 인력 보충과 함께 조선·몽골과 연대하는 일이 당면 과제였다. 전쟁을 하더라도 상대방이 항복만 하면 죽이지 않고 살려주는 것이 문수보살의 지혜로운 무력행사 방식이었다. 이렇게 해서 여진은 몽골도 통합했다. 남한산성에서 항복한 인조가 큰절 몇 번 했다고 해서 목을 치지 않고 살려준 것도 이런 맥락이다. 당시 조선은 주자 성리학의 화이관華夷觀에 사로잡혀 있었다. 화이관에 따르면 여진족은 천박한 오랑캐였다. 병자호란은 '문수 화엄'과 '주자 성리학'의 대결이기도 하였다. 월롱산성에 올라가 '만주'의 의미를 되새겨 보았다.

장張가家계界 천天문門산山

매설가賣說家 직업을 유지하려면 '이야기를 채취하는' 채담가採談家도 병행해야 한다. 채담가에게는 명산만큼 좋은 콘텐츠원源이 없다. 중국 후난 성 장가계의 천문산天門山, 중국어 발음 톈먼 산을 들렀다.

천문산은 1천 5백 미터급 바위산인데, 이곳 소수민족인 토가족土家族의 성산으로 알려져 있다. 산 정상 부근 바위 절벽 중간에 커다란 구멍이 나 있는 모습이 아주 신기하다. 경비행기가 통과할 정도로 큰 구멍인데, 장가계 공항에서 바라보면 그 모양이 아주 기관奇觀이다.

천문산 정상까지는 케이블카가 설치되어 있었다. 길이가 무려 7.5킬로미터나 된다. 세계 최장이라고 한다. 그것도 시내 복판에서 케이블카를 타게 되어 있다. 자동차가 북적이는 번화가에서 케이블카가 출발한다는 점이 아주 이색적이었다. 케이블카 밑으로 장가계 역사驛舍와 창고, 철로선, 동네 주택들의 지붕과 건물의 옥상들이 보인다. 공산당 정권이니까 이처럼 파격적으로 시내 복판에다 케이블카 노선 설치가 가능했을 것이다.

케이블카에서 내리니까 1천 4백 미터 지점. 산 정상 부근은 사방으로 깎아지른 절벽이다. 그 절벽 주변에 아슬아슬하게 잔도棧道를 만들어놓았다. 잔도 밑을 바라보니까 오금이 저릴 정도로 두려움이 생긴다. 그야말로 백척간두百尺竿頭에 서 있다. 맞은편 절벽을 보니까 귀곡자鬼谷子가 공부했다는 동굴이 있다. 석회암 절벽의 높이만 해도 수직으로 800미터. 압도감을 주는 절벽이다. 그 절벽의 3분의 2 지점에 자리 잡은 동굴인데, 줄사다리가 아니면 접근할 수 없는 험난한 지점이었다.

어떻게 저런 지점에서 살 수가 있었을까? 무엇을 먹고 살았을까? 귀곡자는 전국시대 종횡가縱橫家인 소진과 장의의 사부로 알려진 인물이다. 난세에 종으로 횡으로 연대해야만 살 수 있다는 전략의 창시자였지만, 정작 자신은 절대 고독을 느낄 수밖에 없는 깎아지른 절벽 동굴에서 고립된 인생을 살았던 것이다. 그러면서 어떻게 합종연횡을 생각해 냈을까? 귀곡자처럼 일파一派를 창시하는 장문인이나 사상가가 되기 위해서는 외부인이 접근할 수 없는 절대 고독의 장소가 필요한 것일까? 천문산 절벽에서 떠오른 생각이다.

낙양洛陽 북망산北邙山의 비밀

세계적인 공동묘지가 북망산北邙山, 중국어 발음 베이망 산이다. 북망산은 우리 민요인 〈성주풀이〉에도 '낙양성 10리 하에 높고 낮은 저 무덤은 영웅호걸이……'라는 묘사가 있다. 낙양성 10리쯤 위치에 있는 것이다. 낙양洛陽, 중국어 발음 뤄양은 중원中原인 허난 성에 있다. 중원의 중심 도시가 낙양이다. 중국 역대 13개 왕조의 수도였으며, 8개 왕조에서는 제2의 수도 역할을 했을 만큼 역사가 오래된 고대 도시다.

고대 도시에 가면 산의 위치와 강물의 흐름을 살펴보아야만 그 도시를 제대로 이해할 수 있다. 특히 강물의 흐름에 따라 도시의 흥망성쇠가 결정된다. 낙양은 2개의 강물이 감싸고 있는 도시였다는 점이 눈에 들어왔다. 낙하洛河와 이하伊河가 그것이다.

하夏나라 때 성터 유적지가 그 두 강물 사이에 자리 잡고 있었다는 사실이 무척 흥미로웠다. 왜냐하면 고대 메소포타미아문명의 핵심 유적지도 두 강인 티그리스 강과 유프라테스 강 사이에 위치하고 있었다는 사실이 머릿속에 떠올랐기 때문이다. '메소포타미아'라는 단어 자체가 '두 강의 사이에 있다'는 뜻이다. 강물은 식수원이자 농업용수이고, 배를 띄워 물자를 운반할 수 있는 고속도로이며, 전쟁 시에는 방어진지가 되고, 생태적으로는 수기水氣를 공급해 마음을 안정시켜 주는 기능을 한다. 최고의 입지다.

낙양 위쪽 '낙하'와 아래쪽 '이하'라는 2개의 강물이 둥그렇게 싸고도는 가운데에 하대夏代의 성터가 있었다는 것은 동·서양이 똑같은 입지 선정 기준을 가지고 있었다는 사실을 확인해 준다. 하夏는 지금부터 4천~5천 년 전 문명 아닌가! 북망산은 낙양 북쪽 방향에 있었는데, 낙하洛河의 북쪽에 해당되는 넓은 구릉지대였다. 좌청룡 우백호가 있는 산악 지형이 아니었다. 왜 이곳에?

해답은 낙하를 건너야만 갈 수 있는 위치라는 점이다. 강물은 산 자와 죽은 자의 거처를 구분해 주는 경계선이다. 묘지는 강 건너 북쪽에 있어야 한다는 것이 오행 사상의 전통이다. 기독교 찬송가에 나오는 '요단강 건너'가 바로 '낙하 건너'에 있는 북망산이었던 것이다. 이집트의 피라미드도 나일 강 건너편에 있지 않던가? 이번 북망산 답사에서 공부가 많이 되었다.

태산泰山의 특징

중국의 황산黃山은 별천지別天地의 환상적인 아름다움이 있고, 화산華山은 무협지에 나오는 명검名劍이 반짝거리는 것 같고, 태산泰山은 장엄하다. 태산의 장엄함은 거의 일직선으로 놓여 있는 수천 개의 촘촘한 돌계단에서 느껴진다. 태산 정상부의 관문인 남천문南天門까지 올라가는 돌계단이 멀리서 보면 거의 일직선이다. 특히 십팔반에서 남천문까지 올라가는 800미터 코스에는 1천 6백여 개의 계단이 일직선으로 놓여 있다. 만약 갈지자 형태로 구불구불 돌아가는 길이었으면 장엄함이 덜하였을 것이다. 꼭대기가 한눈에 보이지 않기 때문이다. 마치 거대한 피라미드의 꼭대기를 올라가는 듯한 느낌을 받는다. 태산 남쪽 방향의 수천 개 계단은 신성한 제단에 접근하는 신도神道다. 태산이 자리 잡고 있는 산동반도 지역은 '산해경山海經'의 무대다. 즉 고대 동이문화東夷文化의 중심지라는 말이다.

동이문화의 특징은 불로장생을 추구하는 신선 사상에 있다. 날개를 달고 하늘로 승천한다는 '신조神鳥 토템'의 발원지가 바로 이 태산을 중심으로 한 산둥과 요동반도였던 것이다. 따라서 고대부터 태산은 불로장생하는 신선들이 살고 있다고 알려진 산이었다. 불로장생을 그토록 갈망했던 진시황이 엄청난 고생을 마다하지 않고 멀고 먼 태산까지 온 이유가 순전히 제사(봉선封禪) 때문이었을까? 대권은 이미 잡았는데 뭐하러 제사를 또 지내겠는가! 제사는 명분이었고, 태산의 신선을 만나 불사약을 구할 수 있지 않을까 하는 기대가 더 크게 작용하였을 것이다.

'산부재고山不在高 유선즉명有仙則名', 즉 산은 높이가 중요하지 않고 신선이 살아야 명산이다. 일찍이 공자도 올라갔고, 한무제도 9번이나 태산에 왔고, 청나라 건륭제는 6번이나 태산에 올라갔다고 한다. 그래서 '제왕의 산'이 되었다. 산의 영검함은 돌에서도 나온다. 태산석泰山石은 청회색을 띠고 있는데 중간에 띠를 두른 듯한 무늬들이 많다. 만져보니 아주 단단하다. 돌이 단단할수록 기도발도 잘 받는다. 예로부터 태산석은 귀신을 쫓는 영검한 기운이 있다고 여겨졌다. 문 앞에 세워놓는 '태산석감당泰山石敢當'이 그것이다.

항산恒山의 만인벽립萬仞壁立

"살면서 해놓은 것이 무엇이냐?"고 누가 묻는다면 "명산名山에 많이 올라가 보았다. 그만하면 헛살다 간 것은 아니지 않으냐"라고 대답하려고 마음먹고 있다. 중국 오악伍岳 중 하나인 항산恒山, 중국어 발음 헝산 산. 2,052미터에 올랐다. 태산泰山, 중국어 발음 타이산 산이 동악이고, 화산華山, 중국어 발음 화산 산이 서악, 형산衡山, 중국어 발음 헝산 산이 남악, 소림사가 있는 숭산嵩山, 중국어 발음 쑹산 산이 중악, 그리고 산시 성 북쪽에 있는 이 항산이 북악北岳이다.

도교가 주류를 이루었던 산들을 가보면 바위 절벽이 험하다. 항산도 역시 마찬가지였다. 떡시루처럼 켜켜이 쌓인 석회암층이 뭉쳐서 험준한 산세를 지니고 있다. 한국의 화강암과는 또 다른 기운이다. 도교의 도사들이 불교에 비해서 바위가 많은 악산岳山

을 더 선호했던 이유는 무엇일까? 도교는 먼저 몸을 다스린다. 험악한 바위산이라야만 더 기운이 세고, 강건한 기상을 키우는 데 도움이 된다. 장엄한 푸른 바위 절벽과 저녁의 붉은 노을을 미치도록 좋아했던 인간들이 도교의 도사가 되었던 것일까?

항산은 오악 중 지정학적으로 가장 북쪽에 자리 잡고 있어서 북방 유목민들의 침입을 막는 장벽 역할을 했던 산이기도 하다. 중원中原을 지키는 커다란 천연 바위 울타리였던 것이다. 건물들도 깎아지른 절벽 중간중간에 지어놓았다. 어떻게 저런 바위 절벽 속에다가 집을 지을 생각을 하였을까? 가장 압권은 8부 능선쯤에 위치한 항종전恒宗殿이었다. '내가 이 세상에 왜 왔는가, 이 세상의 장엄한 풍광이 이런 것이구나'를 느끼게 해주는 전망을 제공하였다. 건물 뒤편의 바위 절벽에 새긴 붉은 한자들이 눈에 들어왔다. '회선부會僊府'. '신선들이 모이는 본부'라는 뜻이다. 절벽 왼쪽에는 '만인벽립萬仞壁立'이라고 커다랗게 새겨져 있다. '만 길 낭떠러지가 벽처럼 서 있다'는 뜻이다. 도사들은 바위 절벽이 주는 경외감을 이렇게 표현하였다. 평생 지리산 천왕봉을 흠모했던 남명南冥 조식曺植 선생의 기상을 '천인벽립千仞壁立'으로 표현한다. 퇴계가 '연비어약鳶飛魚躍, 솔개가 날고 물고기 뛰다'의 훈훈함을 지니고 있었다면, 천 길 낭떠러지 같은 엄중한 기풍을 지녔던 인물이 남명이었다. 세상 풍파에 시달려서 심신이 쇠약해진 중년 남자들이 배터리 충전하기에 좋은 장소가 바로 '만인벽립'이다.

동양학을 읽는 아침

1판 1쇄 발행 2017년 4월 27일
1판 2쇄 발행 2017년 5월 31일

지은이 조용헌
사진 백종하

발행인 양원석
본부장 김순미
편집장 김건희
책임편집 강설빔
디자인 RHK 디자인팀 남미현, 김미선
해외저작권 황지현
제작 문태일
영업마케팅 최창규, 김용환, 이영인, 정주호, 박민범, 이선미, 임도진, 이규진, 김보영

펴낸 곳 ㈜알에이치코리아
주소 서울시 금천구 가산디지털2로 53, 20층(가산동, 한라시그마밸리)
편집문의 02-6443-8903 **구입문의** 02-6443-8838
홈페이지 http://rhk.co.kr
등록 2004년 1월 15일 제2-3726호

ISBN 978-89-255-6141-7 (03150)